서울시 계층별 주거지역 분포의 역사적 변천

차종천
유홍준
이정환

2004
백산서당

Historical Transition of Residencial Differentiation in Seoul

by

Cha, Jong Cheon
(Professor, Sungkyunkwan University)

Yoo, Hong Joon
(Professor, Sungkyunkwan University)

Lee, Jung Whan
(Professor, Chongju University)

2003
BAIKSAN Publishing House

서울시 계층별 주거지역 분포의 역사적 변천

머리말

　인구 천만을 상회하며 정도 600주년을 이미 십여 년 전에 훌쩍 넘겨버린 서울은 우리 사회에서 오랫동안 수석도시(首都)로서 정치·경제·사회·문화 등 다방면에 걸쳐 군림해 왔을 뿐만 아니라, 국제적으로도 세계 10대 도시 가운데 하나로서 중요한 위치를 차지하고 있다.
　이 과정에서 서울은 그 지리적 영역을 크게 확장해 왔을 뿐만 아니라, 지역 내에서는 신분이나 삶의 수준에 따라 거주하는 장소가 구분되는 역사적 변화를 겪어왔다.
　이러한 주거지 분화 현상은 각 주거지가 지리적인 속성 이외에도, 여러 가지 사회적 의미를 지니고 있음을 보여준다. 우선 서로 다른 사회계층의 사람들이 지역적으로 분리되어 유유상종하며 살기 때문에, 주거지는 사회계층간의 차이를 반영하고 있다. 이에 따라 각 주거집단의 사회적·경제적·문화적 속성이 주거지라고 하는 물리적 공간에 투영되어 있으며, 각각의 주거지는 나름대로의 독특한 사회적·경제적·문화적 상징과 의미를 지니게 된다.

이 연구는 서울의 주거지역이 사회계층별로 어떻게 형성되고 분화되어 왔는지를 역사적으로 살펴본다. 구체적으로, 이 연구는 서울의 어느 지역에 어떤 사회계층들이 언제, 어떻게 주거지역을 형성해 살아왔는가를 당시의 시대적 배경, 인구, 도시기능과 형태 및 주거정책 등을 고려하여 분석한다.

　이 책의 제2장에서는 주거지 분화에 대한 계층의 영향을 주로 도시사회학을 중심으로 하여 이론적 측면에서 살펴보고 있다. 주거지 분화 현상에 관해서는 오늘날 크게 4가지 이론이 있다. 도시생태학적 접근에서는 동심원지대 모델, 선형이론, 다핵모델, 사회지역 분석이론을 정리하고 있다. 이 밖에 신고전경제학적 접근, 베버의 전통을 따르는 관리주의적 접근 및 정치경제학적 이론을 설명하였다. 제3장에서는 서울의 주거지역이 어떻게 형성되고 사회계층별로 어떻게 분화되어 왔는가를 역사적 흐름에 따라 살펴보고 있다. 서울의 주거지 변화의 역사를 살펴보기 위해서 조선 개국이전, 조선시대, 일제시대, 해방 이후로 시기를 대별하면서 기존의 연구문헌과 자료를 이용하여, 해당 시기에 서울의 어느 지역에 어떤 사회계층 구성원들이 주로 모여 살면서 어떻게 주거지역을 형성해왔는가를 분석한다. 제4장에서는 주거지 분화를 둘러싼 경제적 맥락을 살펴보기 위해, 거시 통계 자료를 이용하여 현재 서울시의 지역별 산업과 경제 분포의 비균등성을 자치구별로 살펴보고 있다. 제5장에서는 1910년 한일합방 이후부터 현재까지의 기간에 초점을 맞추어, 서울의 주거정책이 주거지 형성과 분화에 어떤 영향을 주어 왔는지를 고찰하고 있다. 마지막으로 제6장에서는 최근 수집된 서베이 자료를 기초로 하여, 계층에 따른 서울시 주거지 분화의 변화를 통계적으로 분석하였다.

   이 연구가 계획보다 지연되었음에도 불구하고 인내심을 가지고 기다려 준 대상문화재단 관계자들과 책을 꾸미느라 애써주신 백산서당의 김철미 편집주간 등 스탭들께도 감사의 마음을 전한다.

2003년 11월
저자 일동

서울시 계층별 주거지역 분포의 역사적 변천 / 차 례

머리말 · 4

제1장 문제제기 / 차종천 ·· 13

제2장 주거지분화의 이론과 계층의 영향 / 이정환 ·············· 19
  1. 머 리 말 · 19
  2. 이론적 논의 · 25
     1) 도시생태학적 접근 · 27
     2) 신고전경제학적 접근 · 35
     3) 관리주의적 접근 · 37
     4) 정치경제학적 접근 · 39
  3. 맺 음 말 · 41

제3장 서울시 주거지분화의 역사 / 유홍준 ························ 43
  1. 조선 개국(수도 창건) 이전 · 45
  2. 조선시대 수도 창건 이후의 한양 · 47
     1) 입지, 행정 및 인구 · 47

2) 지역별 기능과 거주지분화 · 49

  3. 일제시대의 경성 · 51

　　1) 일제 초기: 지역분할과 행정, 산업 · 51

　　2) 거주지분화 · 52

  4. 해방 이후의 서울 · 57

　　1) 해방~1960년대 · 57

　　2) 1970년대 · 60

　　3) 1980년대 · 62

　　4) 1990년대 이후 · 63

  5. 1970~1990년대 서울지역 계층별 주거지분화 · 64

제4장　서울시의 산업과 경제 / 유홍준 ················· 69

  1. 서울시 경제·산업의 위상 · 70

　　1) 국내 주요도시와의 비교 · 70

　　2) 서울시 주요지표 현황 · 72

　　3) 서울시의 경제(문화) 집중도 · 77

  2. 서울시 경제·산업의 특징과 문제점 · 79

　　1) 서울시 산업구조와 특성 · 79

　　2) 서울시 산업구조의 변화 · 82

　　3) 사회·경제환경 및 산업입지 여건변화에 따른 문제점 · 83

  3. 서울시 자치구별 경제와 산업 · 85

　　1) 자치구별 인구, 세대 수 및 예산규모 · 85

　　2) 자치구별 사업체 수 및 종사자 수 · 88

　　3) 자치구별 상위 순위 사업체의 산업영역 및 종사자 수 · 92

제5장　주거정책과 주거지분화 / 이정환 ················· 95

  1. 일제 식민기(1910~1945) · 98

  2. 1945~1950년대 · 103

3. 1960년대 · 109
4. 1970년대 · 113
5. 1980년대 이후 · 122
별첨: 서울시 구별 주요 사회, 경제, 문화 지표 · 130

제6장 계층별 주거공간 분포변화에 관한 자료분석 / 차종천 ············ 135

참고문헌 · 158
찾아보기 · 165

〈표차례〉

<표 3-1> 1970-90년대 계층별 거주지(洞) 분포: 계층간 거주지 분리 66
<표 4-1> 국내 도시 주요 지표: 광업 및 제조업 5인 이상(1999) 70
<표 4-2> 산업 대분류별 사업체 수 및 종사자 수 71
<표 4-3> 서울시 인구 72
<표 4-4> 행정구역 수 73
<표 4-5> 소유형태별 주택 현황 74
<표 4-6> 전력사용 75
<표 4-7> 서울시 경제문화 집중도 78
<표 4-8> 서울시 산업별 GRP 추이(1990년 불변가격) 80
<표 4-9> 중소기업의 비중 82
<표 4-10> 자치구별 인구, 세대, 인구밀도 86
<표 4-11> 자치구별 예산규모 89
<표 4-12> 서울시 자치구별 사업체 수 및 종사자 수(1999년) 91
<표 4-13> 지역별 사업체 수 상위 산업명칭과 해당분야 종사자수 93
<표 5-1> 일제하 토지구획정리사업지구 100
<표 5-2> 영동지구 주택건축 현황: 1975-1980 119
<표 5-3> 1990년대 서울의 주택보급률과 종류별 주택수 126
<표 5-4> 서울 인구의 신도시 이동: 1992-1999 127
<별표 5-1> 서울시 백화점 및 쇼핑센터: 1983-2000 130
<별표 5-2> 서울시 식품접객업소 현황: 1983-2000 130
<별표 5-3> 서울시 금융기관 분포 현황: 1983-2000 130
<별표 5-4> 사설학원수: 1990-2000 131
<별표 5-5> 서울시 구별 영화관 수: 2000년 131
<별표 5-6> 한국의 10대 '부자 동네' 132
<별표 5-7> 2002년 서울시 구별 아파트 가구당 및 평당 평균가격 133

〈그림차례〉

<그림 6-1> 1차 불평등조사 서울시 응답자들의 학력의 구별 분포: 1990년 140
<그림 6-2> 1차 불평등조사 서울시 응답자들의 직업위세점수의 구별 분포: 1990년 141
<그림 6-3> 1차 불평등조사 서울시 응답자들의 가구소득의 구별 분포: 1990년 141
<그림 6-4> 1차 불평등조사 서울시 응답자들의 주관적 계층의 구별 분포: 1990년 142
<그림 6-5> 2차 불평등조사 서울시 응답자들의 학력의 구별 분포: 1995년 143
<그림 6-6> 2차 불평등조사 서울시 응답자들의 직업위세점수의 구별 분포: 1995년 143
<그림 6-7> 2차 불평등조사 서울시 응답자들의 가구소득의 구별 분포: 1995년 144
<그림 6-8> 2차 불평등조사 서울시 응답자들의 주관적 계층의 구별 분포: 1995년 145
<그림 6-9> 3차 불평등조사 서울시 응답자들의 학력의 구별 분포: 2000년 145
<그림 6-10> 3차 불평등조사 서울시 응답자들의 직업위세점수의 구별 분포: 2000년 146
<그림 6-11> 3차 불평등조사 서울시 응답자들의 가구소득의 구별 분포: 2000년 147
<그림 6-12> 3차 불평등조사 서울시 응답자들의 주관적 계층의 구별 분포: 2000년 147
<그림 6-13> 1, 2, 3차 불평등조사 서울시 응답자들의 학력의 구별 분포: 1990-2000년 148

<그림 6-14> 1, 2, 3차 불평등조사 서울시 응답자 직업위세점수의 구별 분포: 1990-2000년 ·· 150
<그림 6-15> 1, 2, 3차 불평등조사 서울시 응답자 가구소득의 구별 분포: 1990-2000년 ·· 151
<그림 6-16> 1, 2, 3차 불평등조사 서울시 응답자 주관적 계층의 구별 분포: 1990-2000년 ·· 151
<그림 6-17> 학력, 직업, 가구소득, 주관적 계층에 의해 1990, 1995 및 2000년의 서울시 구 수준 사회계층 결정을 분석하기 위한 구조방정식모형 ·· 153
<그림 6-18> 서울시의 구 수준 사회계층을 세 차례 불평등조사의 학력, 직업, 가구소득, 주관적 계층으로 알아본 집락분석의 덴드로그램: 1990-2000 ·· 155

제1장 문제제기

　도시의 거주지 분화는 기본적으로 토지가 제한적인 데 따라 필연적으로 발생하는 현상이다. 특정 도시공간이 조직되는 것은 기본적으로 순수하게 경제적인 요인에 의해서 좌우된다고 해야겠지만, 동시에 구조적 불평등, 다시 말해서 계층의 영향도 무시할 수 없다. 도시발달은 새비지 등(Savage et al., 2003: 104)의 표현을 빌리자면, 지속적으로 '거주지 불평등의 사회·공간적 모자이크'를 재배치하는 것이다.
　주지하다시피 오늘날 한국사회에서 주택소유를 비롯해서 주거면적, 주거형태, 거주지역 특성 등 일련의 주택관련 변수들은 개개인의 소속계층 내지 사회적 지위를 나타내는 가장 대표적인 지표로 간주된다. 상대방의 사회적 지위를 평가하는 데 어느 지역의 몇 평 짜리 아파트, 단독주택, 또는 연립주택이라면 각각 얼마를 호가한다는 식의 산술이 중요하게 자리잡고 있는 것이 결코 어제오늘의 일이 아닌 것이다.

그런데 주거가 사회계층의 주요 지표로 간주된다는 사실은 동시에 주택시장을 비정상적으로 비등시키는 주원인이 되고 있다. 과열된 주택 내지 부동산시장에서 매매나 전매를 통해 얻어지는 차익이 노동시장을 통한 수입과는 도저히 비교가 안 될 정도로 어마어마하게 나타나는 경우가 비일비재한 것이 거의 일상화된 현상이다. 우리 사회가 불과 얼마 전(1997) 겪어야 했던 IMF 외환위기만 하더라도 상당한 정도까지는 주거가 이처럼 재테크의 최대 수단으로 간주되면서 소위 '거품'이라는 과열양상을 보인 것과 무관하지 않으며, 여전히 지속되고 있는 경기침체 속에서도 유독 부동산 열기만큼은 식을 줄 모르고 있다. 주거가 재산증식 내지 투기의 대상이 되어 사회적 지위상승의 주요 통로로 활용되는 것은 주거의 계층적 측면과 경제적 측면이 얼마나 밀접하게 결합돼 있는지를 웅변으로 증언해 주는 동시에, 거주지 분화가 그만큼 첨예하게 계층의 영향하에 놓이리라는 점을 시사한다고 볼 수 있다.

인구 천만을 상회하고 정도(定都) 600주년을 이미 10년 세월 이전의 일로 훌쩍 넘겨 버린 서울은 우리 사회에서 오랫동안 수석도시로서 정치, 경제, 사회, 문화 등 다방면에 걸쳐 군림해 왔을 뿐 아니라, 국제적으로도 세계 10대 도시 가운데 하나로서 중요한 위치를 가지고 있다. 최근에 지방화 요구가 거세게 일어나고 행정수도 이전이 첨예한 사회적 이슈로 등장하는 것도, 보기에 따라서는 역설적으로 서울의 집중화, 비대화가 그만큼 지배적 수준이라는 반증에 불과할 것이다. 그러므로 서울의 도시적 구조와 특징을 분석할 필요성은 그 어느 때 못지 않게 높다고 하겠다. 서울의 발달과정을 파헤치고 이해하기 위해 주민의 사회적 구성과 공간적 분포에 관한 공시적·통시적 접근이 필요하다는 점 역시 굳이 강조하지 않아도 될 것이다.

이와 같은 문제의식에서 출발해 이 연구는 특히 서울시의 계층별 주거지역 분포가 어떻게 역사적으로 변천해 왔는가를 규명해 보려고 한다. 그것은 무엇보다도 이 연구가 목표로 하는, 시간의 흐름에 따른 사회계층별 주거분포의 변화에 대한 조명작업이 서울의 발달과정을 동태적으로 포착하게 할 유용한 맥락을 제공한다고 기대하기 때문이다. 또한 다량 주택소유(mass home ownership) 내지 주거 일반의 계층론적 함의가 굳이 우리 사회에 국한된 것이 아니고, 전세계적으로 "사회가 새로운, 질적으로 다른 사회변동에 돌입하고 있다는 강한 메시지"(Forrest and Murie, 1995: 1)가 대두되는 정도로 비등하고 있는 만큼 이 책의 분석결과가 장차 본격적인 국제 비교연구의 맥락과 쉽사리 이어질 수 있을 것으로도 여겨진다.

이 책의 논의는 2장에서 주거지분화에 대한 계층의 영향을 주로 도시사회학을 중심으로 이론적 측면에서 살피고, 3장에서 서울시 주거지분화를 역사적으로 조명하고, 4장에서 그것을 둘러싼 경제적 맥락을 살피며, 5장에서는 보다 직접적으로 그것과 주거정책의 관련을 고찰한 다음, 6장에서 최근 수집된 자료를 기초로 계층에 따른 서울시 주거지분화의 변화를 분석하는 순서를 밟아 진행된다.

이 연구가 분석에 의존할 자료는 기본적으로 문헌자료와 양적 자료(quantitative data)로 나누어 볼 수 있다. 양적 자료는 일차적으로 센서스를 비롯한 각종 공식통계가 주축을 이루지만, 그 외에 계층별 공간분포와 관련된 문항을 포함하고 있는 설문조사

자료도 이용될 것이다. 현재 서울시의 주거관련 사정을 적실하게 드러내 줄 설문조사 자료가 존재하지 않는다는 점에서 후자의 자료는 대표성의 면에서 취약할 수밖에 없다는 한계가 있다. 그러나 이 책이 대상으로 삼고 있는 주제와 같이 다변량분석까지를 전제로 하는 경우에는 관련변수를 두루 갖춘 조사자료가 있다면, 조심스럽게 분석에 도입하지 않을 수 없다. 그것을 이용함에 있어서는, 기술통계부터 다양한 다변량분석에 이르기까지 해당 분석목적에 맞는 기법을 적용하려고 노력할 것이다. 자료 제시를 위해서는 가급적 지도의 이용을 포함해서 그래픽적인 표현방법도 풍부하게 활용하려고 한다.

　이 연구가 목표로 하는 학문적 기여는 우선 서울시의 계층별 주거지역 분포를 분석함으로써 우리 사회의 주택계급(housing class) 문제를 본격적으로 다뤄 보자는 데서 찾을 수 있다. 이제까지 계층 내지 계급적 논의에서 주거의 재산증식적 함의를 대수롭게 않게 취급하고, 주택계급에 대해 만족스럽게 조명하지 못했다는 점은 제아무리 '새로운 사회적 격차'(new social cleavages)에 대한 이론 틀을 벼려 내기가 쉽지 않다고 할지라도 일단 관련학계로서는 비판을 면하기 어렵다는 것이 필자들의 공통된 인식이다. 이 연구는 또한 그것이 도시정책이나 부동산경제와 직결된다는 점에서 도시계획을 중심으로 한 관련분야의 연구를 위해서 기여할 바가 적지 않을 것이다.

　IMF 외환위기 이후 한동안은 주택건설과 거래의 활성화가 위기탈출에 직결된다는 믿음이 당시 경기부양을 위해서 고심하던 정책당국이나 건설업계에 국한되지 않고 일반국민 사이에도 매우 폭넓게 확산돼 있었음을 우리들은 아직도 생생하게 기억한다. 그러나 최근에는 오히려 전반적인 경기침체 속에서 여유자금이 부동산으로 몰려들어 유독 집값만은 폭등세를 지속하고 있어서 정책당국이 부동산시장을 진정시키기에 골몰하고 있는 추세다. 따라서 그때그때 우리 사회의 주택경기가 어떻든 간에 단순히 대증적인 대처방안보다는 주거문제에 대한 근본적인 이해가 절실히 요청된다는 것을 우리는 절감한다. 그렇다면 이 연구결과의 한 가지 쓰임새는 바로 그와 같은 요구에 부응해 보다 실효성 있는 사회·경제정책을 수립하고 집행하는 데 기여하기 위한 목적에서 찾아도 좋으리라고 여겨진다.

제2장 주거지분화의 이론과 계층의 영향

1. 머 리 말

　생물학적 존재로서 인간은 살아가는 데 정도의 차이는 있을지언정 물리적 공간의 제약을 받지 않을 수 없다. 그렇기 때문에 어디에 사느냐 하는 주거의 문제는 인간 삶의 여러 측면에 매우 중요한 영향을 미친다. 우선 기본적으로 주거지역이 갖는 풍토와 기후, 공기, 물 등의 자연환경은 우리 인간에게 가장 필요한 생존조건인 숨쉬고, 잠자고, 추위나 더위를 피하는 문제와 직결돼 있다. 그렇기 때문에 인간은 자신의 생물학적 조건에 보다 적합한 곳에 살기 위해 주거지를 이동하고 또 주거지 주변의 자연환경을 변화시켜 오고 있다.
　자연조건뿐 아니라 직업, 교육, 공공서비스, 사회활동 및 관계, 문화시설과 같은 경제적·사회적·문화적 자원도 우리 인간이 살아나가는 데 필요한 매우 중요한 요소다. 이러한 자원의 분포도 지역에 따라 상대적으로 차이가 있어, 어느 곳에 주거하느냐에 따라 그러한 자원을 얼마나 접하느냐, 또 접하더라도 빨리 접하느냐 늦게 접하느냐가 상당히 결정된다. 그렇기 때문에 사람들은 보다 나은 사회적 환경을 제공해 주는 장소로 주거지를 옮겨 다닌다. 이와 같이 주거가 인간이 필요로 하는 자연적 조건은 물론 사회적·문화적·경제적 자원과도 밀접히 관련돼 있다는 측면에서, 주거지는 인간의 삶에 중요한 가치와 의미를 지니고 있다고 하겠다.

한편 주거지가 우리 인간이 필요로 하는 자원을 접촉하거나 제공해 줄 수 있는 기회와 관련돼 있기 때문에 주거지 자체가 또 다른 하나의 자원으로서 가치를 지니게 된다. 하지만 모든 지역이 똑같은 자원을 제공해 주지 않고, 또 한정된 주거공간으로 인해 각각의 주거지는 서로 다른 가치를 갖게 된다. 아울러 모든 사람들이 똑같은 사회경제적 자원을 소유하고 있지 않기 때문에 각각의 주거지에는 그 가치에 걸맞는 비용을 지불할 수 있는 능력이나 기회를 가진 사람이 선택적으로 모여 살게 되는 경향이 생기게 된다. 결국 이로 인해 비슷한 지위와 특성을 가진 사람이 지역적으로 사회계층에 따라 차별화돼 거주하게 되는 주거지(거주지)분화(residential differentiation) 현상이 나타난다.

주거지분화 현상은 각각의 주거지가 지리적 속성 외에 다른 많은 사회적 의미를 지니고 있음을 보여준다. 우선 서로 다른 사회계층의 사람들이 지역적으로 분리돼서 유유상종하며 살기 때문에 주거지는 사회계층간의 차이를 반영하고 있다. 또한 사람들은 주거지를 기반으로 하여 주변의 물리적·사회적 환경과 상호작용하면서 지역적으로 서로 다른 사회구조와 문화형태를 만들어 낸다. 특정한 주거지역은 특정한 거주집단, 거주환경, 노동시장, 소비유형, 생활방식의 복합적 체계이며, 아울러 주거지는 이러한 환경요소에 의해 개인의 가치, 기대, 소비습관, 의식상태 등이 형성되는 장이 된다(Harvey, 1985). 따라서 각 주거집단의 사회적·경제적·문화적 속성은 주거지라는 물리적 공간에 투영돼 있으며, 각각의 주거지는 나름대로 독특한 사회적·경제적·문화적 상징과 의미를 지니게 된다.

그렇기 때문에 지역적으로 어디는 부촌이고 어디는 빈촌이며, 또 어느 지역은 어떤 직업의 사람이 많이 살고 교육수준은 어떻다는 식으로 불리고 있다. 또한 어떤 사람이 어디에 사느냐에 따라 그 사람은 어떤 수준, 어떤 유형의 사람일 것이라고 가늠하게 된다. 누가 서울에 사느냐 강원도 영월에 사느냐, 또 같은 서울이라도 상계동에 사느냐 압구정동에 사느냐를 들었을 때 우리가 그 사람에 대해 느끼는 지리적 차원 이상의 이미지는 바로 주거지에 담긴 이러한 사회적·문화적·경제적 의미와 정보를 연상하게 된 결과라고 할 수 있다.

주거지분화는 도시에서 가장 두드러지게 나타난다. 일반적으로 도시를 정의할 때 "농업 이외의 산업에 종사하는 사람들이 일정한 밀도 이상 집중적으로 거주하는 곳"(강대기, 1987; Palen, 1997)이라는 내용을 가장 기본적인 전제로 설정하고 있다. 여기서 도시에 농업 이외의 산업이 존재한다는 말은, 도시에 다양한 기능이 존재하고 있으며 또 노동의 분업이 이루어지고 있음을 의미한다. 또한 일정한 밀도 이상으로 인구가 집중적으로 거주하고 있다는 말은 도시의 공간이 제한돼 있음을 나타낸다. 제한된 공간은 땅을 보다 세분화해서 집중적이고 효율적으로 사용하도록 만든다. 이에 따라 도시공간은 기능에 따라 자연적 또는 인위적으로 분화되면서, 도시공간의 내부구조는 복잡한 모자이크 모습을 띠게 된다. 도시의 일부분으로서 주거공간 또한 기능에 따라 배치된다. 아울러 제한된 도시공간은 각 주거지의 가치를 그것이 제공해 줄 수 있는 물리적 및 사회적 자원의 양에 따라 농촌에 비해 보다 차이가 나도록 만든다. 이로 인해 도시 내 주거지는 기능뿐 아니라 사회계층에 따라 농촌보다 훨씬 차별적으로 그리고 명확하게 분화되는 경향이 있다.

앞에서 살펴본 바와 같이 도시의 주거지분화는 도시의 기능과 규모, 자연적 조건, 사회경제적 자원에 의해 크게 영향을 받는다. 아울러 도시의 기능과 형태, 인간이 추구하는 자원의 종류와 가치, 그리고 이러한 자원의 분배구조인 사회계층 구조는 사회와 시대에 따라 다르다. 넓은 의미로 주거지분화는 그 사회구조와 전통에 의해 크게 결정된다고 할 수 있다. 그렇기 때문에 주거지분화는 사회구조와 역사성이 반영된 결과라고 할 수 있다. 따라서 역으로 주거지분화를 살펴보면 그 사회의 제반구조와 변동을 이해하는 데 큰 도움을 얻을 수 있다.

이 연구는 서울의 주거지역이 사회계층 및 계급별로 어떻게 형성되고 분화돼 왔는가를 역사적으로 살펴본다. 구체적으로 이 연구는 서울의 어느 지역에 어떤 사회계층이 언제, 어떻게 주거지역을 형성해 살아왔는가를 당시의 시대적 배경, 계층구조, 인구, 도시기능과 형태 및 정책, 그리고 이들간의 관계 등을 고려해서 분석한다.

서울은 지난 600여 년간에 걸쳐 명실상부한 한국의 수도로 존재해 왔다. 현재 서울은 전국에서 인구가 제일 많은 도시로 남한 면적의 0.6%밖에 안 되는 600㎢에 전체인구의 22%인 1,040만여 명(2000년)이 모여 살고 있으며, 인구밀도(1㎢당 인구수)도 2000년의 경우 약 1만 7천 명에 달해 전국평균 480명의 35배, 2위의 인구밀도 도시인 부산의 5천 명보다 3배 이상 많다. 경제적으로 서울의 GDP는 100조 원 이상으로 우리나라 전체GDP의 약 22%를 차지하고 있다. 교육은 전국의 대학 이상 고등교육기관 중 36%가, 의료는 전국 병·의원의 약 30%가 서울에 몰려 있다. 그 밖에도 정치와 행정을 포함한 한국사회의 모든 부분이 대부분 서울에서 결정된다고 해도 과언이 아닐 것이며, 이러한 서울의 중심적 지위는 조선이 서울을 수도로 정한 1394년 이후 거의 흔들림 없이 유지돼 왔다.

　이와 같이 인구와 자원, 중요한 사회적 기능 및 역할이 집중적으로 모여 있기 때문에, 서울은 다른 어느 도시보다 땅의 가치와 사용에 민감하며, 동시에 도시의 기능과 역할이 다양하고 복잡하고 사회분화의 정도가 높다고 할 수 있다. 이러한 측면에서 서울은 사회계층과 주거지역간의 관계에 대해 많은 지식과 정보를 제공해 줄 수 있는 매우 중요한 연구대상 지역이다.

　주거지분화와 사회계층은 물론 이들간의 관계에 영향을 미칠 수 있는 도시의 기능, 규모, 형태 등은 구조적이고 제도적인 요소로서 단시간에 이루어지지 않는다. 뿐만 아니라 이것들은 도시 내외의 상황과 환경에 상호작용하면서 계속 변한다. 따라서 사회계층과 주거지역의 관계에 대한 이해는 장시간에 걸친 역사적 접근을 필요로 한다. 이 연구의 대상시기는 조선이 서울을 수도로 정한 1394년부터 오늘날에 이르기까지이다. 한편 시대에 따라 서울지역의 범위에 변동이 있어 온 만큼, 조선시대에는 한성부의 도성 및 성저십리 지역, 일제하에는 경성부, 해방 후에는 행정구역상 서울에 포함됐던 지역을 연구대상 지역으로 삼는다.

 이 연구가 가지는 의의는 크게 세 가지가 있다. 먼저 학문적으로 이 연구는 사회계층 현상이 물리적인 지역공간에서 어떻게 투영되고 있는가를 알려줌으로써 사회계층 연구의 범위를 넓혀 줄 수 있다. 지금까지 사회계층에 관한 많은 사회학적 연구는 사회계층의 의미와 구조, 그리고 각 사회계층의 관계에 주로 관심을 두어 왔지, 이러한 사회계층 현상이 다른 학문적 영역이나 대상에서 어떻게 나타나는지에 대해서는 상대적으로 소홀히 해 온 측면이 있다. 따라서 사회계층과 주거지역의 관계에 대한 연구는 사회계층 연구의 확장과 발전을 가져올 수 있으며, 아울러 지리학 같은 관련학문과의 학제간 연구의 가능성도 높여 줄 수 있다.

 두 번째 의의로, 이 연구는 주거지 변화와 지역적 차별화, 그리고 이에 따른 사회계층별 주거지 선호 및 이동유형, 주택시장 등에 관한 지식과 예견을 제공해 줌으로써 현재 진행되고 있거나 또 앞으로 계획될 주거정책 및 행정에 많은 시사점을 제공해 줄 수 있다.

 세 번째 의의는 서울에 관한 이 연구가 한국의 기타 다른 도시 및 한국사회를 이해하는 데 도움을 줄 수 있다는 것이다. 서울은 위계 구조화된 한국의 도시구조 체계에서 가장 높은 위치에 자리잡고 있는 대표도시다. 각종 산업, 물자, 정치, 교육, 문화 등을 포함한 사회의 모든 분야와 기능이 서울에 집중돼 있으며, 또한 말 그대로 한국의 모든 길과 물류는 서울로 통해 있다. 뿐만 아니라 서울은 수도로서 모든 사회변화의 중심에서 그러한 사회적 변화를 가장 폭넓고 깊게, 그리고 선발주자로서 먼저 겪어 왔다. 따라서 한국도시의 모델이자 대표도시인 서울을 이해하는 것은 한국의 다른 도시 및 한국사회 전체를 연구하는 데 많은 단서를 제공해 줄 수 있다.

2. 이론적 논의

사회계층에 따라 주거지역이 서로 다르게 나타나는 현상은 아주 오래 전부터 있어 왔다. 일반적으로 지구상에 도시사회가 본격적으로 출현한 시기는 지금으로부터 5,500~6,000여 년 전으로 추정된다(Abrahamson, 1980). 소위 4대 문명의 발생지라고 일컫는 지역이 도시사회 형성의 기반이 됐는데, 티그리스강과 유프라테스강 유역의 메소포타미아지역에는 기원전 3,500~4,000년경에, 나일강 유역의 이집트에는 기원전 3,500년경에, 인더스강 유역에는 기원전 2,500년경에, 마지막으로 황하 유역에는 기원전 1,500년경에 각각 도시가 성립되기 시작했다.

그런데 이들 지역에 있는 도시는 당시에 이미 도시 내부에 사회신분에 따른 주거지역의 분화가 있었음을 보여준다. 대표적으로 메소포타미아지역에서 가장 오래된 도시인 우르(Ur)의 경우, 도시 중심부에 신전과 궁전 등이 자리했고, 바로 그 주변에는 상류계층의 주택이, 그리고 다음에 하류계층의 주택이 위계적으로 퍼져 나간 형태를 띠고 있다. 기원전 1,350년경에 형성된 이

집트의 텔 엘 아마르나(Tell-el-Amarna)에서도 도시의 중앙에는 궁전이나 사원 같은 공공건물이, 가로변에는 사회적 신분이 높은 계층이, 가로 후면에는 그 다음의 사회계층이, 그리고 가장 낮은 계층이 가로에서 떨어진 나머지 땅에 주택을 짓고 살았다(손세관, 1993).

중세 유럽의 많은 도시도 신분에 따라 주거지역이 차별화돼 있어, 도시 중심부에는 사회의 상층엘리트가, 그리고 주변부로 갈수록 신분이 낮은 하류계층이 거주하는 형태의 도시구조를 가지고 있었다(Sjoberg, 1960). 이들 주거지역은 많은 경우 높은 담으로 서로 분리됐으며, 도성 밖은 도시의 세금 또는 길드의 규제를 피해 불법적으로 일하는 수공업자, 소상인, 외국인노동자가 거주했다.

그런데 이처럼 사회계층에 따른 주거지분화의 역사가 수천 년이 됐지만, 이에 대한 학술적 연구는 극히 최근의 일로, 1920년대 초 미국 시카고대학의 사회학과 교수였던 파크(Robert Park), 버제스(Ernest Burgess), 매켄지(Roderick McKenzie)에 의해 시도됐다. 이들 학자는 시카고시 주거지역의 형태와 변화에 대해 생태학에 근거를 둔 최초의 체계적이고 경험적인 설명을 내놓음으로써 주거지분화에 관한 연구를 태동시켰다. 이들의 연구를 계기로 도시 공간구조에 대한 연구가 보다 촉진되고 활성화됐으며, 동시에 다양한 사회이론과 학문적 관점이 주거지분화 현상을 설명하기 위해 활용됐다.

이러한 활동의 결과 주거지분화 현상에 관해 오늘날에는 크게 4가지 이론이 발전해 있다. 여기에는 파크와 버제스의 생태학적 모델을 근간으로 해서 나온 도시생태학적 접근(urban ecology approach), 신고전경제학을 응용한 신고전경제학적 접근(neo-classical approach), 베버의 전통을 따르는 관리주의적 접근(managerialist approach), 마지막으로 정치경제학적 이론(political economy theory)이 있다(Bassett and Short, 1980).

이들 이론 중 도시생태학적 접근과 신고전경제학적 접근은 초기에 나온 이론으로서 거주지 형성 및 분화와 관련된 도시공간 구조의 균형과 확대, 주택 수용자의 주거지 선택 및 이동, 토지 이용, 이웃관계 등을 주로 개인 수요자의 입장에서 다루고 있다. 반면 1960년대 이후 등장한 관리주의적 접근과 맑시스트적 접근은 정치경제학적 관점을 가지고 거주공간에 대한 개인의 접근성에 제약을 가하는 외부요소인 주택시장 및 정책, 권력과 자본, 희소한 자원으로서 주거공간의 배분 등을 주로 생산과 공급의 측면에서 다루고 있다.

1) 도시생태학적 접근

도시생태학적 시각은 기본적으로 물리적 공간구조와 사회적 행위는 서로 관련돼 있다는 가정에서 출발한다. 도시생태학 이론을 태동시킨 파크에 따르면, 한 사회의 문화적 변화는 그 사회의 지역조직(territorial organization)에서 발생하는 변화와 연관돼 있으며, 인구의 지리적·직업적 분산은 기존 문화에 변화를 가져온다고 했다(Park, 1952). 이러한 그의 주장은 사회적 공간과 물리적 공간, 사회적 거리와 물리적 거리, 사회적 평등과 주거지의 근접성 사이에 밀접한 유사성이 있다는 것을 의미한다.

이와 같이 물리적 구조와 사회적 구조의 관련성에 기반을 둔 도시생태학적 접근은 도시를 자연의 생물학적 세계와 유사한 것으로 보며, 도시지역은 야생의 자연 서식지를 지배하는 생태학적 원칙에 의해 설명될 수 있다고 가정한다(Park et al., 1925). 이러한 관점이 나오게 된 것은 도시생태학 이론이 다윈(Darwin)의 진화론에 영향을 받았기 때문이다. 그래서 대부분의 도시생태학자들은 '적자생존을 위한 경쟁'을 도시 내부공간의 분화가 일어나도록 하는 가장 핵심적인 메커니즘으로 간주한다.

일반적으로 도시는 공간이 한정돼 있기 때문에 최고의 가치를 지닌 땅을 차지하거나 접근하기 위한 경쟁은 자연스레 나타나기 마련이다. 이런 상황에서 도시 내부공간은 새로운 인구집단이나 도시기능의 침입(invasion), 계승(succession), 분리(segregation)라는 생태학적 경쟁과정을 거치면서 공간적·사회적으로 서로 다른 여러 구역으로 분화된다. 여기서 침입은 기존에 어떤 용도로 사용되고 있는 지역에 새로운 용도가 들어가는 것을 말하는 것이며, 이러한 침입의 결과 한 지역이 새로운 인구집단이나 용도에 의해 완전히 대체되면 계승이 일어났다고 한다. 분리는 침입과 계승을 동반한 선택적 경쟁을 통해 도시공간이 서로 다른 인구집단이나 기능을 지닌 지역(예컨대 아파트지역, 상업지역, 부촌, 빈촌 등)으로 분화되고, 분화된 지역이 특성별로 유형화되는 것을 말한다. 계층별로 주거지역이 차별화되는 현상도 바로 이러한 침입, 계승, 분리과정에 의해 나타난 것이다.

도시생태학에 의해 인간과 물리적 환경의 상호작용에 대한 새로운 과학적 시각이 제기되면서 많은 학자들이 이 이론에 근거해서 여러 다양한 도시를 대상으로 경험적 연구를 해 왔다. 이 과정에서 도시생태학은 개별 도시의 특수성과 사회경제적 변화에 대한 고려, 새로운 변수와 방법론의 도입 및 수정을 통해 보다 구체적이고 세분화된 여러 갈래의 이론으로 발전해 나갔다. 그 대표적인 것이 동심원지대 모델(concentric zone model), 선형이론(sector model), 다핵모델(multiple-nuclei model), 사회지역 분석(social area analysis) 등이다.

(1) 동심원지대 모델

초기 도시생태학자 중 한 명인 버제스는 시카고시가 토지사용의 유형이 각기 다른 여러 개의 고리로 이루어진 동심원 형태를 갖추고 있는 것에 주목하고, 이런 현상을 설명하는 이론으로 동심원지대 모델을 내놓았다. 도시생태학적 관점에서 보면, 희소한 도시공간에서 사람들이 많이 붐비는 지역일수록 땅의 효용가치가 커지기 때문에 도시 중심부로 갈수록 땅을 차지하기 위한 경쟁은 더 높다. 그래서 땅값이 비싼 도시 중심부에는 그만큼 비싼 땅값이나 임대료를 지불할 능력이 있는 백화점, 은행, 식당, 극장이 들어서게 되면서 상업지역이 형성된다. 이 중심 상업지역(central business district)을 바로 둘러싸고 있는 고리는 변천지대(zone of transition)로, 이곳은 과거에 부유한 계층의 주거지역이었으나, 도시가 확장되면서 타 지역의 이주민들이 정착해(침입해) 변두리 상가와 슬럼으로 변한 지대다.

도시 외곽으로 나가면서 유용한 땅이 많아짐에 따라 주거자의 사회계층도 외곽으로 갈수록 높아진다. 변천지대는 노동자 주거지대(zone of working class homes)로 둘러싸이고, 그 다음으로 중상류층 주거지대(residential zone), 통근자지대(commuter zone)가 들어선다. 노동자 주거지대는 변천지대에서 기반을 잡은 주민이 다음 단계로 이주하는 지역이다. 이곳은 이민 2세가 많이 거주하며, 좁은 정원에 주거밀도가 비교적 높다. 중상류층 주거지대는 경영인, 전문직종사자, 사업체 소유자 같은 비교적 부유한 계층이 넓은 정원이 있는 큰 주택을 소유하고 공해와 소음에서 해방돼 사는 지역이다. 이곳은 도심지와 멀리 떨어져 있지만, 이곳 거주자는 소득이 많은 사람이기 때문에 도심지를 오가는 데 드는 높은 교통비에 큰 부담을 느끼지 않는다. 통근자지대는 철도와 자동차의 발달로 도시 외곽에 성립된 독립된 소규모 도시나 주거지대다. 이곳 주민은 전형적인 미국의 중상류계층으로, 남편은 아침 일찍 멀리 있는 도시 중심부로 출근해 저녁에 퇴근하며 부인은 집에 남아 가사와 자녀 양육을 담당한다.

버제스의 동심원지대 이론은 주거지분화에 관한 역동적 개념에 기초를 두고 있다. 내부지역의 토지사용 유형은 도시가 확장됨에 따라 인접한 외곽지대를 침입해서 변형시킨다. 이 과정에서 도시 중심부에 있던 상류계층의 주거지역과 이웃의 관계는 외곽으로 계속 이전돼 나간다. 결국 도시 내부에 있던 기존 주거지역은 시간이 지나면서 상층계층에서 하층계층의 주거지역으로 여과(filter-down)돼 남게 된다.

미국의 시카고시는 1920년대 초 자연적으로 생성됐으며, 비록 산업화 이후에 생성됐지만 상대적으로 오랜 역사를 지니고 있고, 또 급속히 발전하고 있던 대도시였다. 따라서 이 도시의 분석으로부터 나온 동심원지대 이론은 시카고시와 유사한 도시의 설명에는 매우 유효하다. 하지만 시카고시와 다른 특징을 지닌 도시의 공간구조를 설명하는 데는 한계가 있다. 도시의 지형, 정부의 도시정책, 자동차와 대중 교통수단의 발달, 도시기능의 변화 등은 도시의 성장에 영향을 주며, 이러한 변수는 또 각 시마다 차이가 있다. 뿐만 아니라 파리, 런던과 같이 산업화 이전에 생성된 많은 도시는 동심원지대 이론과 달리 아직도 과거의 전통대로 도시 중심부에 상층이 살고 도시 외곽에 하층이 사는 모습을 띠고 있기도 하다(Palen, 1997).

(2) 선형모델

1930년대 말 호이트(Homer Hoyt)는 도시성장을 위한 구조적 기초로 교통수단의 발달에 주목하면서 동심원지대 이론을 수정한 선형이론을 내놓았다. 그는 도시가 주로 철도, 도로, 수로 같은 교통로나 망을 따라 도시 중심부에서 외곽으로 부채꼴 모양을 하며 확장해 나간다고 주장했다. 쐐기 모양의 지구(sector)는 기능에 따라 주거지구, 공업지구, 상업지구 등으로 나누어진다. 각 지구의 특정한 기능이 확대되면, 각 지구는 부채꼴 형태로 중심부에서 외부를 향해 퍼져나간다. 쐐기나 파이 형태로 이루어진 도시의 공간구조는 서로 다른 땅의 사용유형이 바로 옆에 존재할 수 있다는 것을 의미한다. 제조업지역 옆에 노동자계층의 주거지역이 들어설 수 있으며, 상층부의 주거지역이 중심 상업지역에서 멀리 떨어져 있을 필요가 없다.

한편 선형모델에서는 강이나 언덕 같은 지형학적 요소가 어떤 지구에 어떤 기능이 들어설 것인가에 영향을 주는 중요한 입지조건으로 다루어지고 있다. 도시의 공장이 강을 낀 계곡, 강 어귀, 또는 철로선을 따라 형성돼 있고, 주거지역은 공장지대의 공해와 시장지역의 소음을 피해 경관이 좋고 공기가 맑은 강변 언덕이나 특정지역에 밀집되는 현상은 선형이론의 대표적인 예다. 그런데 각 도시의 지형이 다르기 때문에 선형모델은 동심원지대 모델과 달리 주거지분화에서 도시간에 차이가 있다는 점을 수용한다.

(3) 다핵모델

동심원지대 모델과 선형모델은 도시가 하나의 도시 중심부에서 외곽으로 확장돼 나간다고 가정한다. 이에 반해 해리스와 울먼(Chauncy Harris and Edward Ullman)은 도시가 특정의 전문화된 기능을 지닌 여러 개의 분리된 중심지(핵심지역)를 가지고 있는 형태로 발전할 수 있다는 다핵모델을 제시했다. 많은 도시는 금융지역, 쇼핑지역, 유흥가, 공장지대 등으로 나누어져 있으며 이들 지역은 각각 그 기능의 핵심부를 중심으로 퍼져나가 있다. 이런 형태는 도시의 규모가 커지고 기능이 분화되면서 도시의 중심부 한 지역 내에서 이 모든 기능을 수용할 수 없기 때문에 기능이 여러 지역으로 분산되면서 나타난 현상이다. 아울러 교통·통신수단의 발달은 이러한 도시공간 구조의 분화를 더욱 촉진시켰다.

다핵모델은 다음 4가지 가정에 근거한다. 첫째, 특정 활동은 전문화된 시설을 요구한다. 예컨대 중공업은 물자를 운송하기 위한 고속도로나 항만을 필요로 하고, 백화점은 많은 사람이 대중 교통수단을 이용해서 쉽게 접근할 수 있어야 한다. 둘째, 특정 활동은 그것과 관련된 업체가 모여 있음으로 해서 이익을 얻을 수 있다. 예컨대 소매점이 모여 있으면 물건을 사려고 하는 사람들을 보다 많이 모을 수 있다. 셋째, 어떤 서로 다른 활동은 같이 있으면 서로에게 해를 줄 수 있다. 트럭이 자주 오고가야 하는 창고업은 조용하고 안전한 것을 요구하는 상층의 주거지와는 맞지 않는다. 넷째, 많은 공간을 필요로 하는 도매업 같은 업종이 높은 임대료를 요구하는 도심에 위치하는 것은 경제적으로 효과적이지 않다.

(4) 사회지역 분석

앞에서 다룬 세 모델은 도시 내부구조가 특정 유형으로 형성된 것을 단순히 어떤 특정한 시기와 공간에 존재하는 기술과 생태학적 요인의 결과로 간주한다는 점에서 분석적이라기보다 기술적이라고 할 수 있다. 1940년대 말 쉐브키와 벨(Eshref Shevky and Wendell Bell)은 동일한 주거지역에 살고 있는 사람들의 공통적인 특징을 찾아낼 수 있게 해 주는 보다 분석적인 방법으로 사회지역 분석을 제시했다.

이들에 따르면, 세 가지 요인이 사람들의 주거지 선택에 영향을 준다. 첫째는 소득, 직업, 학력 등을 포함하는 사회경제적 지위이며, 두 번째는 혼인 여부, 출산율 등을 포함하는 가족지위, 세 번째는 인종과 민족지위다. 이런 것들이 어떻게 결합하느냐에 따라 도시 내부공간은 여러 개의 사회지역으로 분화된다. 이때 어떤 한 개의 지위 차원도 주거지역의 전체적 윤곽을 다 설명해 주는 변수가 되지 못한다. 예컨대 비록 주거지역이 부분적으로 사회경제적 지위에 의해 결정된다고 하더라도, 동일한 사회경제적 지위를 가졌지만 가족지위가 다른 인구집단은 서로 다른 사회지역으로 나누어진다. 이런 측면에서 주거지분화는 다차원적이며 각 지위 차원은 서로 독립적이다.

사회조사 분석이 바탕을 두고 있는 논리는 다음과 같이 요약될 수 있다. 첫째, 산업화에 의해 촉진된 노동분업은 근대적 직업체계를 생산했으며, 사회경제적 지위는 직업 및 이에 관련된 공식적인 교육에 의해 주로 결정된다. 둘째, 도시화는 경제적 단위로서 가구의 중요성을 떨어뜨렸다. 이것은 직업여성의 증가, 낮은 출산율, 독신가구의 증가로 나타난다. 셋째, 산업화와 도시화는 수많은 인구이동과 연관돼 있다. 이로 인해 인구집단이 보다 다양해졌으며 동시에 인종과 민족집단간의 분리는 심화됐다.

지금까지 살펴본 바와 같이 도시생태학적 접근은 시간이 지남에 따라 많은 경험적 연구와 분석, 자료의 축적에 의해 보다 세련된 여러 이론으로 발전해 왔다. 이들 이론은 다소 차이가 있음에도 불구하고 기본적으로 도시내부공간의 발달을 인구집단, 도시기능, 이웃관계와 물리적인 환경이 침입, 계승, 분리를 통해 서로 자연스럽게 적응해 가는 과정으로 보고 있다. 그리고 이런 과정은 전반적으로 기능적인 통합유형을 유지해 가며 진행된다.

도시생태학은 산업화 이후 자연스럽게 형성된 상공업 위주의 1920~40년대 미국 대도시를 연구대상으로 해서 나온 이론이다. 따라서 이와 비슷한 특성을 지닌 도시의 확장과 분화를 설명하는 데 도시생태학은 매우 효과적이다. 하지만 세상의 다른 많은 도시가 지닌 독특한 역사적 경험, 사회경제적 구조 및 변화, 인구학적 속성은 주거지분화에 관한 도시생태학의 일반화에 한계를 갖게 한다. 먼저 산업화 이전의 도시, 또는 이러한 전통을 지닌 도시는 그때나 지금이나 여전히 도시생태학의 대표적 이론인 동심원지대 모델과는 반대되는 주거지분화 현상을 보여준다. 이들 도시에는 중상층계급이 도시 중심부에 거주하고 하층계급이나 이주집단이 도시나 성의 주변부에 거주하는 공간유형을 보이고 있다. 둘째, 상공업이 아닌 행정, 교육, 교통에 기반을 둔 도시는 도시기능이 다르기 때문에 상공업 위주의 도시와는 다른 주거지분화 현상을 보여준다. 셋째, 도시 공간구조 형성에 영향을 줄 수 있는 사회계층구조, 문화적 차이, 인구학적 분포는 나라, 도시에 따라 다르다. 넷째, 최근 들어 도시발전에 도시계획 및 정책을 적극적으로 도입함으로써 주거지분화가 자연적이라기보다는 인위적으로 이루어지고 있다. 뿐만 아니라 과학기술의 발전은 물리적 환경의 중요성을 감퇴시키고 있다.

2) 신고전경제학적 접근

신고전경제학적 접근은 1950년대 말 미시경제학의 한계효용학파에 영향을 받은 앨론소(William Alonso), 무스(R. F. Muth), 휘턴(W. Wheaton) 같은 도시경제학자에 의해 시도됐다. 이들은 주어진 조건하에서 효용의 극대화를 추구하는 개인의 행위를 주거지분화의 동인으로 보고 있다. 합리적 개인은 주거지 선정에 영향을 주는 비용으로 도심에의 접근성(교통비)과 지가를 서로 상쇄(trade-off)시켜 가장 비용이 적게 드는 지역에 주거지를 선정하게 되며, 이 과정에서 사회계층에 따른 도시공간 구조가 형성된다.

도시 중심부는 직장과 서비스시설이 몰려 있기 때문에 많은 사람이 선호하는 주거지역이다. 그래서 이곳을 차지하기 위한 경쟁은 높고 동시에 주거비도 매우 비싸다. 반면 도심지에서 멀어질수록 주거비는 싸지지만 도심지로의 교통비는 증가한다. 이런 상황에서 합리적 개인은 제한된 시간과 예산 내에서 주거비용과 도심에 대한 접근성 사이에서 최대의 효율성을 가져오는 지역에 주거지를 정하게 된다. 여기서 최적의 주거지역은 한계적 주거비 절감효과가 한계적 교통비 증대효과와 같게 되는 지점에서 결정될 것이다. 그런데 교통비 지출의 절감효과와 주거비 지출의 절감효과는 소득에 따라 상대적이기 때문에 최적지점은 개인의 소득에 따라 다르다. 신고전경제학자들에 따르면, 부유층은 쾌적하고 넓은 공간성을 선호하므로 교통비 증대효과보다 주거비 절감효과를 더 중시한다. 따라서 부유층일수록 공간이 풍부한 교외에, 빈곤층일수록 도심에 입지하는 주거지분화 현상이 발생한다.

신고전경제학적 접근은 도시생태학적 접근과 마찬가지로 도심에서 멀어질수록 보다 소득이 높은 계층의 주거지역이 형성돼 있는 전형적인 미국 대도시의 주거지분화 현상에 잘 부합하는 이론이다. 하지만 이 이론이 전제하고 있는 고정된 시간비용, 단핵도시, 완전경쟁, 선택의 자유 등은 이 이론의 적용성에 한계를 부여한다.

먼저 신고전경제학이 제한적 조건으로 삼고 있는 시간은 매우 가치 있는 자원이다. 따라서 시간비용을 얼마나 중시하느냐에 따라 다른 결론이 나올 수 있다. 만약 부유층이 주거비용보다 도심을 오가는 데 드는 시간비용에 가중치를 둔다면, 신고전경제학적 접근의 가정과는 반대되는 결과, 즉 소득이 높은 가구일수록 도심과 가까운 지역에, 그리고 소득이 낮은 가구일수록 교외에 거주하는 주거지분화 현상이 나타날 수 있다. 둘째, 신고전경제학적 접근이 하나의 중심지만을 가진 도시를 상정하는 것은 현대 대도시가 여러 개의 기능을 가진 다핵구조로 이루어져 있는 현실에 잘 맞지 않는다. 셋째, 소득이 같으면 교통비와 주거비, 주택유형 및 규모에 대한 선호도 같다고 간주하게 되면, 같은 소득이 있는 가구가 도심 접근성이 전혀 다른 지역에 분리 거주하는 현상을 설명하기가 어렵게 된다. 넷째, 주거비와 교통비 외에 주거 입지에 영향을 줄 수 있는 물리적 환경, 교육, 문화 등의 외부효과와 주택계획 및 정책 같은 공급부문의 역할 등을 과소 평가하는 경향이 있다.

3) 관리주의적 접근

도시생태학 이론과 신고전경제학 이론은 주거지분화의 주요인으로 개별가구의 선호와 선택에 중점을 두고 있으며, 아울러 주거지분화 과정은 사회적 조화와 균형을 유지하며 이루어진다고 보고 있다. 이에 반해 관리주의적 접근은 주거지 선정에서 개별가구의 선호와 선택에 영향을 주는 구조적이고 제도적인 요인, 그리고 조화보다는 갈등의 측면을 더 부각시킨다.

관리주의적 접근은 국가와 관료조직의 사회적 영향력을 중시한 베버와 사회의 갈등적 측면을 강조한 이론에 기초하고 있다. 이 접근의 대표적인 학자인 팔(R. E. Pahl)은 사회적으로 희소한 자원(특히 주택)의 분배에 영향력을 행사하는 정부 및 유관기관(특히 주택공급과 관련된 기관)과 관료, 도시계획과 공공정책(특히 주택정책) 입안자, 주택 중개업자, 주택조합 등 이른바 '도시 관리자'(urban manager)가 주거지 선정에 대한 개인의 선호와 선택에 제약을 주는 요소로 작용하고 있다는 점을 중시했다. 그런데 다양한 도시관리자들의 이해관계는 서로 다르며, 아울러 한 도시 내의 자원은 한정돼 있다. 따라서 불평등한 자원분배는 필연적이며, 그 결과 주택에 대한 접근성은 계층별로 차이가 날 수 있다.

관리주의 접근은 주거지분화를 설명함에 있어 도시 관리자라는 중요한 변수를 고려하고, 아울러 사회집단간의 갈등현상을 도시공간 구조의 분석에 도입함으로써 주거지분화에 관한 새로운 시각을 제공해 주었을 뿐 아니라 이론적 확대에도 기여했다. 특히 오늘날 많은 도시의 공간구조가 국가의 인위적인 도시계획으로 형성되고 있다는 측면에서 이 이론은 매우 설득력이 높다고 하겠다. 하지만 관리주의 접근은 주거지분화에 대한 구체적이고 일관된 설명이 결여되어 있다는 지적을 받는다. 특히 주거지분화에 중요한 영향을 미친다는 도시관리자의 행위 및 의사결정이 어떤 메커니즘으로 어떻게 이루어지고, 또 그 결과 주거지분화가 구체적으로 어떤 방식으로 전개되는가에 대한 언급이 별로 없다는 점에서 지나치게 추상적이라는 비판을 받는다.

4) 정치경제학적 접근

정치경제학 이론은 구조적이고 제도적인 차원에서, 그리고 조화보다는 갈등에 치중해서 주거지분화 현상에 접근한다는 점에서는 관리주의적 입장과 유사하다. 하지만 주거지분화가 정부의 주택정책이나 계획, 도시 관리자간의 갈등에 의해 결정되는 것이 아니라 자본주의 시장경제체제에서 나타나는 자본순환, 자본축적, 계급간의 이해와 갈등에 의해 형성된다고 주장한다는 점에서 두 이론은 서로 다르다.

맑시즘과 갈등이론에 바탕을 두고 있는 정치경제학적 접근은 도시공간 구조의 변화를 지배집단이 자신의 이익에 맞는 방향으로 도시발전을 이끌려고 하는 의도적인 결정이 반영돼 있는 것으로 본다(Castells, 1977; Harvey, 1985). 지배집단은 도시의 주요한 정치적·경제적 기관인 기업, 은행, 부동산 및 건설업을 소유하고 있고 지방정부에 강력한 영향력을 행사한다. 이익을 최대화하고 비용을 최소화하는 자본주의 경제논리에 따르면, 도시의 주거정책과 계획은 이들 지배집단의 이익을 충실히 실현시키는 방향으로 진행된다. 예컨대 주거지역이 교외화되는 현상에 대해 도시생태학 이론은 자동차를 포함한 교통·통신수단의 발달을 주요한 촉진요인으로 본다. 자동차가 널리 보급되면서 주택과 일터의 위치가 보다 넓게 분산될 수 있게 되자, 소득이 높은 집단부터 점차 교외의 주거지역으로 옮겨가게 됐다고 한다. 하지만 정치경제학적 입장을 가진 학자들은 자동차가 왜 그렇게 널리 보급됐는가에 대해 문제를 제기하며, 주거지역의 교외화현상을 자신의 물건을 많이 팔려는 자동차, 석유, 타이어 회사의 역할이 중요하게 작용한 결과라고 본다.

한편 사유재산제에 기초하고 있는 자본주의 체제하에서 주택은 거처 이상의 의미를 갖는다. 주택은 귀중한 자산으로 재산증식이나 투자의 좋은 대상이다. 따라서 주택소유자는 주택가격의 하락을 가져오는 요소, 예컨대 유해시설이나 하층계급이 자신의 주거지역에 들어오는 것에 대해 강력히 반발한다. 주택 건설업자와 임대업자도 마찬가지 방식으로 동일한 계층을 위한 주택단지를 조성하고 임대업을 한다. 이와 같은 공간조작(manipulation of space)은 자본주의 체제하에서 상위계급이 자신과 가족의 사회경제적 지위를 유지하고 자신의 이익을 보호하기 위한 효과적인 수단으로 사용되고 있다. 사회계층에 따른 주거지의 차별화는 바로 이러한 자본주의적 이해관계가 공간구조에서 구체화되어서 나타난 결과다.

정치경제학적 이론은 개인이 주거지를 선택하는 과정의 이면에 존재하는 사회경제적 요인을 밝혀내고, 아울러 이들간의 역동적 관계를 분석함으로써 주거지분화에 관한 연구의 범위와 깊이를 더해 주었다. 하지만 이 이론은 몇 가지 점에서 문제를 안고 있다. 첫째, 정치경제학자들은 주거지 선택이 구조적이고 제도적인 차원에서 이루어진다고 주장하지만, 이것이 최종적으로 미시적 차원에서 개인의 선택에 어떻게 연결되며, 아울러 주거지분화가 구체적으로 어떤 형태를 띨 것인가에 대한 설명이 별로 없다. 둘째, 도시공간 자원의 분배를 놓고 지배계급간에도 갈등이 발생할 수 있다. 교외지역이나 새로운 도시를 개발하려는 건설업자의 이익은 도심에 부동산을 소유하고 있는 지주나 임대업자의 이익과 배치된다. 셋째, 정치경제학적 이론은 주택계획과 정책을 결정함에 있어 정부가 상층계급의 영향을 크게 받지 않고 주도적 역할을 담당하는 현상을 간과하고 있다. 넷째, 주거지의 교외화현상은 원래 교통수단과 관련된 기업의 이해에 의한 것이 아니라 낮은 주거밀도, 맑은 공기, 쾌적한 환경을 원하는 인간의 욕구에서 비롯될 수 있다. 다섯째, 단순히 경제적 계급만으로 주거지분화 현상을 설명하는 데는 한계가 있다. 세상의 많은 도시는 인종, 종교, 문화, 도시의 기능, 물리적 환경, 기술수준에 따라 다양하고 복잡한 주거지분화 현상을 보이고 있다.

3. 맺음말

사회계층별 주거지분화에 관한 국내 연구는 1970년대 초부터 지리학 분야를 중심으로 이루어져 왔다. 이들 연구가 사용한 관점의 흐름은 앞에서 언급한 4개의 이론이 나온 순서와 비슷하다. 1970년대와 80년대는 도시생태학 모델(이기석, 1975; 최상민, 1977, 이숙임, 1987)과 신고전경제학 모델(이정림, 1978, 김상수, 1983), 1980년대와 90년대에는 관리주의 모델(박영규, 1983; 고은아, 1993; 도경선, 1994; 홍인옥, 1997)과 정치경제학 모델(구동회, 1992; 한국공간환경연구회, 1993)이 많이 사용됐다. 사회학에서는 대표적으로 홍두승(1991)이 서울에서 신중간계급의 가구가 공간적으로 어떻게 분포돼 있는가를 경험적으로 분석했고, 윤인진 (1997)은 서울에서 계층별 거주지 변화가 어떻게 일어나는가를 균등, 노출, 집중, 중앙화, 집락이라는 지표를 사용해 검토했다.

이상의 연구는 대부분 한국의 대도시, 특히 서울에서 계층별 주거지분화 현상이 존재한다는 사실을 밝히고 있다. 하지만 이들 연구는 이러한 주거지분화 현상을 설명하는 데 각자가 근거하고 있는 이론에 따라 서로간에 차이를 보이고 있으며, 동시에 앞서 언급한 네 가지 이론과 마찬가지의 장점과 단점을 다 가지고 있다. 덧붙여 이들 연구의 한계로 새로운 관점의 제시, 기존 이론간의 비교, 그리고 역사적 분석이 부족하다는 점을 지적할 수 있다.

이상에서 살펴본 바와 같이 계층별 주거지분화를 파악하는 데는 여러 가지 이론적 조망과 분석방법이 존재한다. 그리고 각 관점은 나름대로 설명력을 가지고 있는 반면 한계도 가지고 있다. 주거지분화는 다양하고 복합적인 현상이다. 뿐만 아니라 각 이론의 적용성과 설명력은 때와 장소에 따라 차이가 나기 마련이다. 이러한 측면에서 주거지분화에 관한 연구는 한 가지 이론에만 의존하지 않고, 주어진 시간과 공간에 따라 각 이론이 지닌 다양성을 모두 고려해 가능한 한 종합적으로 분석할 필요가 있다.

제3장 서울시 주거지분화의 역사

 세계의 어떤 지역이건 사람들이 모여 살기 시작한 이래로 그 지역적인 공간은 사용되는 기능에 따라서, 또는 모여 사는 사람들의 특성에 따라서 분화되는 양상을 보여 왔다.
 주거지는 개인이 지리적으로 거주하는 장소라는 의미에 국한되지 않으며, 그곳에 모여 사는 사람들에게 직업, 교육 및 기타 편의 서비스시설 같은 사회적 희소자원에 대한 접근수준을 결정하기도 한다. 주거지 자체가 희소자원으로서 상징적 의미를 갖거나 이러한 자원에 대한 접근을 용이하게 할수록 그러한 주거지는 사람들이 선호하고 추구하는 경쟁대상이 될 수밖에 없다. 따라서 주거지는 개인과 집단이 가지고 있는 사회·경제적 지위를 반영하는 동시에 이런 지위획득의 전제조건이 되기도 한다.
 그런데 이처럼 주거지가 개인과 집단에 부여하는 현실적 편이성과 상징적 위세는 특정 세대의 사회·경제적 지위에만 관련되는 것이 아니라, 다음 세대로 전승돼 지속적인 영향[1]을 줄 수 있기 때문에 사회계층의 유지 또는 변화에 중요한 역할을 하게 된다. 이런 이유로 인해 지역공동체의 사회 구성원들이 사회계층별, 인종이나 민족별, 혹은 종교별로 어떻게 공간적으로 분포하는지, 또 어떤 과정을 거쳐 거주지의 변화가 발생하는지에 관한 연구는 사회학의 중요한 연구관심의 하나다.

주거지분화 현상은 각각의 주거지가 갖는 독특한 지리적 속성 외에 여러 사회적 의미를 내포한다. "주거지는 사회계층간의 차이를 반영하고 있다. 특정한 주거지역은 특정한 거주집단, 거주환경, 노동시장, 소비유형, 생활방식의 복합적 체계이며, 아울러 주거지는 이러한 환경요소에 의해 개인의 가치, 기대, 소비습관, 의식상태 등이 형성되는 장이 된다"(Harvey, 1985).

주거지분화와 이에 따른 사회계층 형성의 상호작용은 이 관계에 영향을 미칠 수 있는 지역(도시)의 기능, 규모, 형태 등 구조적이고 제도적인 요소의 영향 또한 동시에 작용하는 것이기 때문에 단시간에 이루어지지는 것은 아니다. 더불어 지역의 상황 및 환경변화와 상호작용하면서 계층에 따른 주거지분화의 관계는 변하기도 한다. 따라서 사회계층과 주거지간의 관계에 대해 이해하기 위해서는 해당 지역에 대한 오랜 시간에 걸친 역사적 변동을 분석하는 접근방법을 필요로 한다. 왜냐하면 주거지분화

---

1) 특정 거주지가 갖는 상대적으로 우월한 문화자본은 계층별 거주지 분화에 의해 공간적으로 불평등하게 분포됨으로써 기존의 위계질서를 재생산시키게 된다. 특히 현대사회에서 교육은 세대간 신분이동의 중요한 요인인데, 거주지의 사회경제적 환경의 영향을 받는 교육환경에 의해 자녀교육의 질이 상당한 영향을 받기 때문에, 결국 사회계층별 거주지분화로 인해 세대간 계층의 지위가 지속될 가능성이 높다.

는 사회구조와 역사성이 반영된 결과라고 할 수 있기 때문이다.

이 장에서는 서울의 주거지역이 어떻게 형성되고 사회계층별로 어떻게 분화돼 왔는가를 역사적 흐름에 따라 살펴보려고 한다. 서울의 주거지 변화의 역사를 살펴보기 위해서 조선 개국 이전, 조선시대, 일제시대, 해방 이후로 시기를 대별하면서 기존의 연구문헌과 자료를 이용해 해당 시기에 서울의 어느 지역에 어떤 사회계층 구성원들이 주로 모여 살면서 어떻게 주거지역을 형성해 왔는가를 분석한다.

1. 조선 개국(수도 창건) 이전

지금까지의 고고학적 연구와 발굴결과에 의하면, 한반도의 중심부를 가로지르는 한강 하류지역에는 이미 선사시대부터 집단적인 거주지가 형성돼 있던 것으로 보인다. 지금부터 약 6000년 전인 BC 4000년경의 유적(집단 거주 흔적)이 발굴되면서, 한강을 중심으로 현재의 서울과 주변지역인 인천, 부천, 포천, 양주, 파주, 용인, 강화지역 등에 사람이 집단을 이루고 거주했던 것으로 밝혀지고 있다.

패총, 고인돌, 고분을 비롯한 유적으로 볼 때, 당시의 거주집단은 부족단위의 소규모 공동체가 형성된 것이며, 생활방식은 석기나 토기 등을 사용한 농경생활 중심의 사회였다.[2]

현재의 서울지역이 도시로서 초기적인 면모를 갖추기 시작하게 된 시기는 약 2000년 전으로 거슬러올라가는데, 당시 고구려, 신라와 더불어 한반도의 3대 고대국가 중의 하나였던 백제(BC 18~AD 660)의 수도가 된 이후이며, 당시 위례성으로 불렸다.

한강을 중심으로 위치한 서울은 사방이 산으로 에워싸고 있는 분지형태로 거주하기에 편리한 여건을 갖추고 있다. 또한 외래 문물을 수용할 수 있는 길목에 위치하고 있으며, 동시에 한반도의 중심에 자리잡고 있어 사방으로 세력을 확장할 수 있는 곳이기도 하다. 따라서 정치·군사적 요새지로는 물론 문화의 광장 역할을 할 수 있어 고구려, 백제, 신라의 삼국이 고대국가를 형성하면서부터 요충지로 여겨져 왔다. 이미 기원전부터 백제의 수도로 성장해 온 서울은 4세기 말~5세기 초에 고구려가 남하함에 따라 일시적으로 고구려의 영토가 됐다가 다시 6세기 중엽부터는 신라가 차지하게 된다.

기원후 668년에 신라가 삼국을 통일하면서 현재의 서울지역은 한양군으로 지명이 바뀌었으며, 이 '한양'이란 이름은 그후 조선왕조가 개국해 수도로 삼은 이후 다시 동일한 이름으로 계속 사용되게 된다.

그러나 서기 918년에 고려왕조가 후삼국을 통일해 국가를 창건한 이후 한동안 이 지역은 '양주'로 지칭됐다. 고려 성종(成宗)

---

2) 서울의 이러한 도시생활의 기원은 이집트의 나일(Nile)강, 메소포타미아의 티그리스(Tigris)·유프라테스(Euphrates)강 연안에 발생한 세계적 고대도시라든가 파키스탄의 모헨조다로(Mohenjo-Daro) 및 하라파(Harapa) 같은 도시의 발생에는 뒤떨어지고 있지만, 이미 선사시대부터 비옥한 한강 주변에서 도시문명의 여명기가 싹트고 있었음을 보여준다(서울특별시, 2000b: 38).

때 중요 지방에 설치했던 12목(牧)의 하나인 양주목(楊州牧)이 되면서부터 지방 행정구역의 중요한 단위가 됐고 이에 따라 정치적인 비중도 그만큼 높아졌다. 1067년 3소경(小京)의 하나인 남경(南京)으로 승격됐고 지방장관인 유수관(留守官)을 두게 됐으며, 남경의 설치와 함께 궁궐을 짓고 인근 백성을 옮겨 살게 함으로써 도시로서의 발전이 시작됐다(서울특별시, 2000b: 718).

2. 조선시대: 수도 창건 이후의 한양

1) 입지, 행성 및 인구

오늘날의 서울이 실질적으로 우리나라의 수도가 된 것은 조선왕조가 건국된 1392년부터였다. 조선왕조를 창건한 태조 이성계는 새 국가의 면모와 민심을 일신하기 위해 도읍지를 물색하던 중 풍수지리설에 기초해 새로운 도읍의 조건을 갖춘 지역을 물색한 끝에, 도성이 들어서고 주거에 적합하며 왕조가 오랫동안 장수할 수 있는 여건을 갖춘 지역으로 오늘날의 서울지역을 수도로 결정했던 것이다. 고려의 도읍 개경에서 한양으로의 천도는 1394년 10월에 이루어졌는데, 천도를 위해 한양에서는 연인원 약 20만 명이 동원해 궁궐과 종묘, 사직, 수도를 중심으로 한 17km에 달하는 긴 성벽 등을 구축했다(서울특별시, 2000a: 39).

천도 이듬해(1395년)에 태조는 수도지역의 행정과 치안을 담당할 기관으로 한성부를 설치했다. 이때에 도성과 문루가 완성되면서 4대문, 4소문을 통해 도성 안팎을 출입하게 됐다. 당시 한성부의 행정구역은 도성 안을 중심으로 동, 서, 남, 북, 중부의 모두 다섯 지역(5부)과 성저(성밖 인접지역) 10리 지역으로 나누어 관할했는데, 이러한 지역적 구분의 기능은 오늘날 구(區)의 기능과 유사한 것이었다. 한성부의 최고 책임자는 판부사(判府事)였고, 예종 때부터는 판윤(判尹)이 최고 책임자가 됐다. 5부는 태조 때 52방, 세종 때에는 49방으로 나누고 그 아래에는 계와 동을 두었다(서울특별시, 2000a: 39; 서울특별시, 2000b: 719).

『조선왕조실록』의 기록에 의하면 조선왕조의 4번째 왕인 세종 10년(1428년)에 서울의 인구는 약 10만 명이었고 성밖 인구까지 합하면 약 11만 명이었다고 한다. 따라서 성안은 가용한 토지면적에 비해 인구밀도가 높은 편이었다.[3] 조선시대의 한양은 5백여 년 동안 인구나 행정구역상 큰 변경 없이 유지돼 왔으며, 조선 중기(17세기 중반) 이후 약 200년 동안 서울의 인구는 20만 명선을 유지했다.[4]

---

3) 당시 성 안의 면적은 16.5㎢로, 현재 면적의 약 1/40에 불과했고, 인구는 현재의 약 100분의 1에 지나지 않았다.

4) 조선 초·중반기의 인구규모는 임진왜란이나 병자호란 등 국가적 변란으로 인한 변화가 있었을 뿐, 큰 변화가 없어 20세기로 들어설 당시 한양의 인구는 20만 정도였던 것으로 전해진다. 한양의 인구가 빠르게 증가하기 시작한 시점은 19세기 후반경으로, 문호개방과 함께 인구가 조금씩 늘어나기 시작했고 외국인들이 서울에 거주하면서 국제도시의 면모를 보이기 시작했다. 이에 따라 1894년 갑오개혁 때에는 5부제를 5서제(5署制)로 바꾸고, 47방 288계 775동의 관할구역으로

2) 지역별 기능과 거주지분화

조선 개국 이후 한양의 명당 터는 당연히 경복궁 자리로 여겨지게 된다. 여기에 임금이 거처하는 궁궐을 지어 정치의 중심지가 됐으니 서울의 심장부였다.5) 그러나 정치의 중심지이기는 했어도 서울의 중심지라고 보기는 어렵다. 오히려 서울의 중심지는 지금의 광화문인 황토현과 종로에서 광교를 거쳐 남대문로 1가에 이르는 지역이었다(이건영, 1994: 31). 지금도 광화문 네거리에 위치한 비각에 도로 원표(遠標)6)가 있어, 이곳에서부터 전국 각처에 이르는 방위와 거리가 표시되면서 이곳이 서울의 기점임을 나타낸다.

조선시대 전 기간 동안 광화문 앞은 육조(六曹)거리를 이루게 된다. 광화문 앞 동쪽으로는 의정부, 이조, 한성부, 호조가 나란히 있었고, 서쪽으로는 예조, 사헌부, 병조, 형조, 공조가 나란히 맞대어 이른바 관아가(街)를 이루고 있었다. 한편 종루7)를 중심으로 펼쳐진 운종가8)로 불린 종로는 예로부터 저자거리(시장)였

변경했다.

5) 경복궁은 이후 일제시대에는 총독부로, 또 해방 이후에는 정부업무를 총괄하는 중앙청으로 이용됐으니 서울의 심장이라고 할 수 있다.
6) 각 지방에서 서울까지 거리 표시의 기준이 되는 지점이다.
7) 현재 종로 2가(종각)에 위치한 보신각을 일컬음.
8) 아침과 저녁으로 성문을 열고 닫으며 울리던 인경 소리에 따라 사람들이 구름처럼 모였다가 흩어진다는 뜻에서 운종가(雲從街)란 이름

으며, 여기에 육의전이 위치해 있었다.9)

한양이 수도가 되면서 궁궐을 중심으로 고관대작들이 거처를 정하고, 운종가를 중심으로 해서는 상공인들이 거처하는 등 거주지분화가 발생하게 됐다. 한성부에서 가장 역사가 오랜 부자촌은 가회동과 계동 일대를 꼽을 수 있다. 이곳은 경복궁과 창덕궁의 중간에 위치한 요지였기 때문에 자연히 고관대작들의 집이 모여 있어 이른바 북촌(北村)을 형성하게 된다. 서리나 아전들은 경복궁의 서쪽 주변인 내자동, 통의동, 사직동 등지에 살았으며, 상공업이나 서비스업에 종사하는 서민들은 종로나 을지로 일대에 모여 살았다. 반면 하급관리나 가난한 선비들은 좀 떨어진 남산 기슭에 옹기종기 모여 살면서 소위 남촌(南村)을 형성했다10).

북촌의 부귀영화와 남촌의 가난을 빗대어 표현한 말이 '남주북병'(南酒北餠)이다. 그러나 남산 기슭이 가난한 동네인 것만은 아니어서, 조선 초기에는 벼슬 높은 대관이나 선비의 별장지로 이름이 높기도 했다. 특히 남산 밑의 청학동은 경치가 좋기로

이 붙었다고 한다.

9) 언제부터 육의전(六儀典)제도가 있었는지는 분명치 않으나, 병자호란 직전부터인 것으로 추정된다(이건영, 1994: 33).

10) "사민(士民)을 잡거(雜居)시켜서는 안 된다. 공인은 관부(官府)에, 상인은 시장에, 농부는 농토 가까이 살게 하라"는 원칙이 지켜졌던 것이다. 그래서 궁궐과 가까운 곳에는 고관이 살고, 서민은 궁에서 멀리, 그리고 그보다 못한 농민은 성저(성밖)에 살았다(이건영, 1994: 40-41). 물론 이러한 주거지 분리현상은 계급사회에 기초를 둔 일종의 봉건적 도시계획 규제에 의한 것이라고 할 수 있다.

이름이 나 있었다고 한다. 『매천야록』(梅泉野錄)의 기록을 보면 "북촌에는 노론이 많이 살았고, 남촌에는 소론이 많이 살았다"고 하니 파당에 따라 따로 모여 살기도 했던 것 같다. 한편 임진왜란 때는 침략한 왜군이 남산 기슭에 주둔하기도 했는데, 왜군이 물러나 황폐해진 후에는 벼슬길에 오르지 못하고 실의에 빠진 샌님 선비들의 집단 주거지가 됐다고 한다(이건영, 1994: 40-41).

그러나 남촌보다도 못한 빈민촌이 형성되기도 했는데, 가뭄이 들면 전국에서 유랑하던 빈민들이 한양으로 몰려들게 마련이었고, 이들이 성문 밖인 성저에 진을 쳤으며, 일부는 청계천의 다리 밑이나 도성 안의 산기슭에 모여 살기도 했다.

3. 일제시대의 경성

1) 일제 초기: 지역분할과 행정, 산업

1910년 일본의 침략으로 한양(한성부)은 '경성부'로 이름이 고쳐지면서 경기도의 관할이 되고 그 지위도 떨어졌다. 1911년에는 행정구역을 도성 안은 5부로, 도성 밖은 8면으로 나누어 관할하는 5부 8면제를 시행했으며, 1914년에는 경성부의 관할구역을 축소시킴으로써 많은 지역이 경기도로 떨어져 나갔다(서울특별시, 2000b: 719).

그러다가 1936년 경성부의 관할구역 확장으로 4개의 출장소가 설치돼 편입지구에 대한 업무를 담당했다. 1943년부터 현재와 같은 명칭의 구제(區制)가 실시되면서 서울은 중구, 종로구, 동대문구, 성동구, 서대문구, 용산구, 영등포구의 7개 구로 나뉘어졌고 이듬해에는 마포구가 신설됐다.

한일합방이 이루어지던 1910년에 한성부의 인구는 약 25만 명 정도였다. 그런데 일제시기에 우리나라는 근대화 과정을 겪게 되며,[11] 이에 따라 서울(경성)의 인구는 빠르게 증가해 1936년에는 인구 약 73만 명의 도시로 변모했고, 1945년 해방 당시에는 인구가 90만 명 정도에 이르렀다.

한일합방 직전까지 경성부 내 상공업 현황을 보면, 자본금 1만원 이상의 회사로서 경성부에 위치한 회사는 농업 4개, 상업 26개, 운수업 3개, 광업 1개 등 총 36개 사(社)가 있었고, 이 중 일본 소재 회사의 지사(支社)는 13개였다(양옥희, 1991: 49).

2) 거주지분화

(1) 일제 초기

한성부 내 주민의 직업별 구성은 대체로 관공리(官公吏) 및 아

---

11) 일제하(1910~1941년) 경성부의 산업별 인구구조를 보면, 농업인구는 감소하고 광공업 및 상업, 교통, 건설업 인구는 증가하는 등 근대적 산업구조로의 개편이 뚜렷했다(양옥희, 1991: 58).

전(衙前), 유생(儒生), 상인 및 장인, 성외지역의 농민, 그리고 일용노동자 등을 들 수 있다. 이들 직업별로 지역별 호구 구성을 살펴보면, 관공리, 양반, 유생 등은 역시 전통적 양반촌이었던 북부에서 가장 높게 나타나고 동부에서는 낮게 나타나고 있다[12] (양옥희, 1991: 33).

원학희(1978)에 의하면, 서울에 근무하는 관원 2,518명 중 동부에 거주하는 관원은 5.3%에 불과하고 북부(29.1%)에 가장 많으며, 그 다음 서부(23.2%), 중부(22.4%), 남부(20.2%)의 순서로 분포하는 것으로 나타나고 있다. 한편 농업인구 비율은 성외 농경지가 많은 면적을 차지하고 있는 동부 및 북부에서 높게 나타나고, 상업 종사자는 북부를 제외한 모든 지역에서 비교적 균등하게 분포한다. 또 철도역과 일본군 부대가 있던 용산 일대에는 일용노동자의 비율이 높고 서부에는 무직인구가 많은 편인데, 이들 일용노동자와 무직인구를 합쳐 그 지역별 분포를 보면, 농경지가 많은 동부를 제외한 거의 모든 지역에서 약 40~50%로 나타나, 근대적 산업의 미발달로 인해 이 시기에 서울의 고용기반이 매우 취약했음을 반영하고 있다.

조선시대에 서울의 중심지가 광화문 일대였던 것과 달리, 일제 때에는 서울의 중심지 판도가 달라졌다. 서울의 중심지가 움직인 것이다. 일본인들은 진고개에 모여 일본인촌(村)을 만들고 명동(明洞)에 상점가를 이루어 차츰 서울의 상권을 장악하기 시작했다. 그리고 이곳을 서울의 새로운 중심지로 만들었다. 조선

---

12) 이는 1900~1910년 중의 "대한제국 관원 이력서"를 분석한 결과와 일치한다(양옥희, 1991: 34).

조 때 도성 안은 동부, 서부, 남부, 북부, 그리고 중부로 나누어 5방(房)이라고 했다. 여기서 중부는 당시의 중심지인 광화문과 종로지역이었다. 그러나 일본인들이 명동을 만들어 본정(本町)이라 했을 뿐 아니라 중심부를 종로구라 하고, 자기들의 터전인 명동이 있던 지역을 중구(中區)라 부르게 했다. 이래서 이른바 뉴타운이라 할 명동 일대가 서울의 새로운 심장부가 됐다. 화신백화점을 중심으로 한 종로지역은 한국인들의 상권 중심지로 지속됐다.

한편 남산 일대, 즉 남촌이었던 곳에 일본인의 주거지가 형성되기 시작했다. 일본인이 점차 수도 많아지고 세력을 형성하기 시작하자 총독부에서도 북촌은 버려 두고 남촌을 중심으로 개발사업을 펴 나갔다. 그래서 북촌은 좁은 골목길과 낡은 한옥이 그대로 보존된 반면, 남촌에는 양옥과 일본식 집이 들어서고 도시시설도 많이 정비됐다. 남촌의 중심상가인 명동은 명치정(明治町)이라 불리기도 했다(이건영, 1994: 34-42).

1930년대 이후 한반도는 중국 침략을 위한 병참기지로서 공업건설이 급진전하게 됐다. 그 결과 금속, 화학, 방적공업이 비약적으로 발전했으며, 1937년 중국 본토 침략전쟁 이후에는 전시(戰時)경제 체제로 인해 더욱 중공업이 중심이 됐다. 이러한 조선의 공업화는 경성부의 도시경제에도 그대로 반영돼 1930년대 광공업은 회사 수나 자본금에서 크게 증가한다.

1920년경 상류층의 주거지 분포를 살펴보면 다음과 같다. 일본인 상류층은 남산 산록의 남미창정(町)(현재의 남창동 일대), 욱정(회현동), 남산정, 대화정(필동) 일대, 즉 도성 안의 남측에 거주했으며, 도성 밖으로는 서소문 일대와 한강통에 다수 분포했다.

반면에 한국인 상류층은 주로 도성 안 청계천 이북의 북촌에 분포했는데 특히 서린동 일대와 경복궁의 좌우(적선동, 소격동, 제동, 계동)에 많았다. 즉 일제 초기 경성부 내 상류층은 반경 2km 이내의 도심부에 집중 분포해 있었다(양옥희, 1991: 63-64).

(2) 일제 중기

일제 중기(1920~1935) 경성부 내 거주지의 주요 변화는 이농민(離農民)의 도시유입으로 인해 주택부족이 심화되고, 토막(土幕) 등 극빈층의 불량 주택지가 증가한 것이다. 또한 미개발지로 남아 있던 경성부 내 변두리 지역에 주택이 건축되면서, 일부 상류층의 주거지가 보다 확산됐다(양옥희, 1991: 65-66). 한편 1930년대 전반기 동안 활발히 전개된 민간업체의 택지 개발사업으로 4대문 밖 일부 지역에 고급 주택지가 개설됨에 따라, 1930년대 후반기 이후 경성부 내 상류층의 주거지는 반경 2km 이내의 도심부 지역에서 그 외곽지역으로 뚜렷이 확산되기 시작했다.

당시 일본인 상류층이 가장 집중적으로 분포했던 곳은 앵구 주택지가 있던 신당정 및 동사헌정(장충동 1가), 그리고 남대문 밖 삼판통(후암동)이며, 이로써 상류층 주거지의 중심은 대화정, 옥정 등 남촌으로부터 4대문 밖으로까지 이동한 것이다. 이에 따라 1930년대 중엽 일본인 상류층의 주거지 분포는 일제 초기의 남촌 집중형태에서 탈피해 도성 안 북촌 및 도성 밖 삼판통(후암동), 강기정(갈월동), 죽청정(충정로) 등으로 널리 분산되고 있었다. 반면에 한국인 상류층의 주거지는 계속 가회동, 관훈동, 서린동 등 전통적인 양반촌에 집중돼 있었다(양옥희, 1991: 73-78).

(3) 일제 말기

일제 말기(1936~1945)에 이르러, 경성부는 1936년에 늘어나는 인구를 수용하고 합리적인 행정을 위해 경성부의 관할구역 확장과 함께 경성부 전체를 도시계획구역으로 고시하는 한편, 새로이 편입된 변두리 미개발지역에 대해 토지구획 정리사업을 적극적으로 전개하기 시작했다. 이러한 토지구획 정리사업의 전개로 주거지역이 더욱 확대됐다.

1937~1941년 기간중 인구 및 주택의 증가는 경복궁 뒤편의 청운정, 삼청정, 동소문 안의 명륜1정목 등 구(舊) 경성부 내 일부지역에서도 이루어지고 있으나, 신(新) 편입지역에서 광범위하게 일어났으며, 특히 돈암·종암정, 휘경정, 답십리정, 당산·양평정, 신길정, 이촌·흑석·상도정 등 일부지역이 매우 급격한 성장을 보였다.

이 기간에 한국인 상류층의 주거입지 역시 상당히 변해 경복궁과 창덕궁 사이의 전통적 북촌에서 점차 명륜정, 혜화정, 신당정 등 일본인 상류층 주거지로 이동하고 있었다. 즉 민족별로 양극화돼 있던 상류층 주거지가 상당 정도 혼재되기 시작했는데, 이는 당시 한국인 상류층의 인구구성이 더 이상 구한말의 귀족, 양반관료가 아닌 일제 식민지 제도하에서 성장한 신흥 중산층으로 변하고 있었기 때문으로 이해된다(양옥희, 1991: 74-78).

일제시대 경성부의 거주지 변화를 종합하면, 산업화 초기 경성부로 유입되는 인구의 급증으로 인해 경성부 내 거주지는 외연적으로 넓게 확산되고 있었으나, 도시 전체로 볼 때에는 도심부에는 상류층, 주변부에는 하류층이 자리잡는 공간구조가 유지되고 있었다. 또 극빈층 주거지 역시 미국 도시에서와 같이 도심부에서 발달하기보다는 도심부에 쉽게 접근할 수 있는 시 외곽에 집중 분포함으로써 위치상 상류층 주거지와 같은 지역 내에 분포하고 있었다. 즉 상류층 주거지와 극빈층 주거지는 같은 행정동 내에 공존했으며, 단지 묘지나 유곽(遊廓), 화장장 부근 또는 강바닥이나 다리 밑 등 토막의 장소적 여건이 달랐을 뿐이다. 부언하면 서울(경성부)의 경우 산업화 초기 도심으로부터의 거리에 따른 거주지분화는 일어나지 않았다(양옥희, 1991: 83).

4. 해방 이후의 서울

1) 해방~1960년대

(1) 행정구역

1945년 해방을 맞이해 서울은 현재의 명칭인 서울(Seoul)로 공식 명명됐는데, 신라의 이두문자에서 연원한 '서울'은 수도라는 의미를 가진 말이었다. 1945년 해방 당시 서울의 면적은 135㎢이었고 인구는 약 90만 명이었다.

1946년에는 경기도에서 분리돼 서울시 헌장에 의해 서울자유특별시로 명명됐고, 명실상부한 우리나라 수도의 면모를 갖추게 됐다. 이에 따라 행정상의 직능과 권한도 도(道) 단위와 동등한 위치에 서게 됐고, 이 해 10월에는 일제 식의 가로(街路) 명칭과 각 동(洞)의 이름이 우리 고유의 것으로 바꿨다. 1948년 대한민국 정부가 수립됐고, 이듬해 서울시는 서울특별시로 그 명칭이 바뀌고 행정구역도 확장됨에 따라 성북구가 증설돼 모두 9개의 구(區)로 구성됐다. 1949년에는 서울의 행정구역이 해방 당시보다 거의 두 배로 늘어나서 270㎢로 확장됐고, 당시 인구는 약 140만 명이었다. 서울시는 1950년 6월 25일 발발해 3년간 지속된 한국전쟁으로 황폐해졌으나, 1953년 휴전협정 체결과 함께 다시 수도의 기능을 되찾게 됐다. 전후(戰後) 정부의 계속적이고 빠른 복구작업으로 서울은 재정비됐고, 현대 도시의 면모를 갖추기 시작했다.

1962년 "서울특별시 행정에 관한 특별조치법" 제정으로 서울은 국무총리 직속기구가 됐다. 서울의 행정구역은 1963년에 더 확장돼 594㎢로 늘어났고, 이어 1973년에는 행정구역의 확장으로 경기도 일부지역이 편입됨에 따라 관악구와 도봉구가 신설됐고, 총 면적은 605㎢로 늘어났다.

(2) 인구와 거주지분화

해방 당시 90만 명이던 서울 인구는 한국전쟁 직전에 170만 명에 이르는데, 그 사이 증가한 서울 인구의 반수는 해외와 북한에서 온 이주민이었고, 나머지 반수는 남한 각지의 이주민과 자연증가로 분석된다. 서울 집중현상은 6·25사변을 거치면서 더 가속화됐다고 할 수 있다. 50년대의 전후 복구기, 60년대의 경제개발기를 거치면서 서울의 인구는 급속히 증가했다. 50년대 후반의 연평균 인구증가율은 9.1%, 60년대의 증가율은 8.3%였다. 이처럼 높은 인구증가율은 전후의 베이비붐(baby boom)에도 기인하지만 주로 농촌인구 유입으로 인한 증가 탓이었다(이건영, 1994: 109).

1947년 통계에 의하면 당시 주택 호당 인구가 12명이었으므로 주택난이 매우 심각했음을 짐작할 수 있다. 당시 판잣집은 인왕산과 안산 산기슭, 현저동 일대, 홍제동 고개 부근, 청계천 변, 남산, 후암동과 한남동 일대, 낙산 일대, 답십리 일대 등 조금 폭이 넓은 도로의 옆이나 공지에 흩어져 있었다. 한국전쟁 직후인 1953년에 서울에는 토막집이 2,643호, 판잣집이 5,356호였다. 일제 때부터 있던 토막집은 줄어든 대신 판잣집은 늘었다(이건영, 1994: 120). 1950년도의 자료이긴 하나, 당시 사회 지도층 인사들의 주거지는 신당동, 후암동 외에 돈암·안암·신설동 및 아현·북아현동 등 토지구획 정리사업이 시행됐던 지역에 다수 분포했음을 보여준다(양옥희, 1991: 80).

1960년 센서스에 의하면, 당시 인구가 245만 명이고 가구수가 44만인데 주택이 26만 호였으므로 주택부족률이 42%였다. 여기에는 무허가 불량주택도 포함돼 있으므로 실제 주거사정은 매우 나빴다고 볼 수 있다.

이 무렵 서울의 부자촌은 가회동, 계동 및 성북동, 삼청동 일대였다. 반면 청계천 변, 서울역 주변, 동대문 주변 등지에 도시 팽창에 따른 빈민가가 형성되기 시작했다. 상계동은 1964년에 세운상가 재개발에 따라 6,630가구가 집단 이주되면서 만들어진 동네였다. 당시 1만 5천 평 정도에 연립 단층집을 지어 방 하나씩을 나누어주었다. 이들 외에도 서울 곳곳에서 무허가 집이 철거된 철거민들이 이곳으로 밀려왔다. 한편 서울역 주변의 후암동과 도동 일대에 철거민의 정착마을이 생겼고, 정릉동 일대에서 철거된 이주민은 양지마을을 이루었고, 창신동, 청계천 철거민은 희망촌을 이루었다. 당시 상계동 인구의 반 정도가 이주민이었다(이건영, 1994: 92).

1960년대 말까지도 서울의 남쪽지역은 영등포 일대에 한정돼 있었다. 서울·인천 축을 보강하기 위해 제2한강교(양화대교)가 만들어지고, 60년대 말에 경부고속도로의 기점인 제3한강교(한남대교)가 등장했다. 제3한강교의 등장과 함께 강남시대가 열리게 된다. 당시 강남지역은 서울의 변두리로서 전혀 개발되지 않은 지역이었다. 현재 강남의 중심지인 강남구와 서초구 일대는 경기도 광주군과 시흥군에 속한 논밭 지역이었다.

2) 1970년대

1970년대에 본격적으로 시작된 강남지역 개발은 서울시 개발사에 중요한 위치를 차지한다. 강남 개발의 필요성은 이미 60년대의 각종 도시계획에서 여러 차례 검토됐다. 1966년의 서울 도시계획에서 부도심으로 제안되고, 1970년에 만들어진 서울 도시기본계획에서는 강남지역이 행정기능의 일부를 포함한 부도심으로 더욱 구체화됐다.

1975년에는 한강 이남지역의 집중개발에 따른 인구증가와 행정수요에 능동적으로 대처하기 위해 영동출장소를 폐지하는 대신 강남구를 신설했으며, 1977년에는 강서구가 신설됐다. 1979

년에는 은평구와 강동구가 신설됐다.[13]

서울의 70년대는 강남 개발로 특징지어질 수 있다. 우선 반포지구와 잠실지구의 대규모 주택단지가 '주택지 조성사업'으로 추진됐다. 영동지역의 토지구획 정리사업은 초기에만도 800만평에 달하는 대규모였다. 압구정동, 역삼동, 대치동 등 여러 지역이 차례차례 개발되면서 아파트촌이 형성됐다. 이에 따라 서울 주변지역의 자연녹지는 점차 택지로 전환되고 서울의 거주지 지도가 달라졌다. 이러한 대규모 개발열풍은 서울의 집값과 땅값의 시장질서를 흔들어 놓아 큰 사회문제가 되기도 했다.

강북의 도로가 주로 좁은 골목길로 이루어진 데 반해 강남의 새로운 시가지는 격자형의 넓은 대로 중심으로 도로망이 짜여졌다. 그리고 강북의 주택이 단독주택 중심인 데 비해 강남은 고층아파트 중심으로 주택이 들어섰다. 초기에 강남은 주거지를 중심으로 개발됐기 때문에 생활 편익시설이나 상업, 업무 등 도시기능의 핵심은 여전히 강북의 도심지에 집중돼 있었다. 그러나 점차 도시구조를 다핵화(多核化)한다는 구상에 따라 강북의 성장을 억제하는 대신 강남 개발을 촉진하게 되면서 법원, 검찰청을 비롯해서 많은 공공기관, 학교 등이 강남으로 이전하면서 도시기능의 상당부분이 이전됐다.

---

13) 이후 1980년에는 구로구와 동작구가 증설됐고, 1988년에는 강동구에서 송파구, 동대문구에서 중랑구, 도봉구에서 노원구, 강남구에서 서초구, 강서구에서 양천구가 각각 분구(分區)됐으며, 1995년에는 도봉구에서 강북구, 구로구에서 금천구, 성동구에서 광진구가 각각 분구됨으로써 현재 서울시는 총 25개 자치구로 구성되게 됐다.

3) 1980년대

개포지역은 1980년에 발표된 5백만 호 주택 건설계획에 따라 개포동지역 283만 평을 택지개발 예정지구로 지정하고 주택공사와 토지개발공사가 개발을 추진하면서 조성된 지역이다. 이어서 1982년에는 고덕지구의 백만 평이 개발되기 시작했고, 목동지역은 1983년부터 개발됐다.

1981~85년 기간에 아파트 건설의 72.5%가 강남구, 서초구, 송파구, 강동구에서 이루어졌으며(권오혁·윤완섭, 1991), 1986~90년에는 노원구 상계·중계지구, 도봉구 쌍문동 일대, 양천구 목동에 총 9만 5천여 세대가 신규 공급됨으로서 새로운 중상류층 거주지역을 형성하게 됐다(도경선, 1994: 39).

1970년대부터 이루어진 강남 개발에 따라 강북과 강남의 거주인구 비중에 큰 변화가 나타나기 시작해 1960년대에는 서울의 강남지역 인구비중이 18%였으나,[14] 70년대에는 22%로 늘고, 80년에는 40%로 늘어나게 됐다.[15] 도시기능은 인구규모처럼 명확히 비교하기 어렵지만,[16] 각종 용도의 건물 연면적으로

---

14) 이것도 주로 영등포지역 중심의 기존 시가지에 국한된 인구다.
15) 현재 강남지역 인구는 48%에 이르러, 강남과 강북의 인구비중이 비슷하게 됐다.
16) 한 가지 이유는 우리나라의 토지이용 및 고용관계 자료 등이 미비하기 때문이다. 다만 업무용 건물 연면적, 조세납부 실적, 사무용 빌딩의 임대료 등으로 간접적인 유추가 가능하다.

유추해 볼 때 1979년에 강북이 57㎢, 강남이 41㎢였던 반면, 1989년에는 강북 68㎢, 강남이 97㎢로 오히려 강남지역의 건물 연면적이 더 넓게 나타나고 있어 강남지역으로 상당한 도시기능의 분산이 이루어졌다는 것을 알 수 있다(이건영, 1994: 79-80).

1970년대 중반까지만 해도 '서울'은 4대문을 중심으로 한 강북지역을 지칭했다. 그러나 강남 신시가지 개발이 거의 완성되고 강북의 명문 고등학교들이 강남으로 이전하던 1970년대 후반과 80년대 초반에 들어서 강남 주거지역은 지가(地價)상승과 서울의 중산층이 거주하는 차별적인 주거지역의 성격이 강화됐다. 이러한 지가상승의 영향으로 강남지역의 주택가격도 폭등할 수밖에 없었다. 강남지역의 주택 매매가격 및 전세값 상승은 여러 가지 요인으로 설명될 수 있으나, 우선 '8학군'이라는 교육환경이 큰 영향을 미치고 있다고 할 수 있다. '학부모의 계층적 지위'와 '학교의 상대적 명성'간의 커다란 상관관계가 존재하는 상황에서 좋은 학교가 몰려 있는 강남지역의 주택가격은 자연히 상승되고, 이 지역으로는 경제적으로 감당할 수 있는 계층만이 선별적으로 흡수됐던 것이다. 여기에서 주택가격과 학군간의 순환론적 상승관계가 성립했다고 할 수 있다(홍두승·김미희, 1988: 37).

4) 1990년대 이후

서울시의 행정은 1991년 지방자치제 실시를 계기로 개별 구가 자치구로 전환되게 됐고, 1994년은 서울을 우리나라의 수도로 정한 지 600년이 되는 해였다. 2000년 현재 서울의 행정구역은

25개 구와 522개 동으로 이루어져 있고, 면적은 약 605㎢이고[17] 인구는 약 1,040만 명에 이르는 거대도시다.

참고로 1995년 센서스 자료를 통해 서울시의 주거유형별(단독주택과 아파트) 구성비를 보면, 서울시 전체로는 아파트 구성비가 42.4%로 나타나고 있다. 자치구별로 볼 때 아파트 구성비가 가장 높은 구는 노원구로 81.9%에 이른다. 2위는 강남구로 76.4%이고, 송파구(66.6%)와 서초구(64.2%)가 그 뒤를 잇고 있다. 이외에 구성비가 50%를 넘는 자치구는 도봉구, 강서구, 강동구다. 반면에 아파트 구성비가 가장 낮은 자치구는 은평구(8.9%), 성북구(11.4%), 중구(15.9%)의 순서다(통계청, 1999: 372 표 참조).

5. 1970~1990년대 서울지역 계층별 주거지분화

도시가 팽창하고 거주밀도가 높아지면서 주민 사이의 이질성이 심화돼 가고, 이에 따라 주거지분화는 오늘날 도시사회에서 피할 수 없는 한 특징으로 자리잡고 있다(Timms, 1971). 그런데 거주지분화 현상의 중요성은 그것이 거주환경의 지역별·계층간 불균등을 내포한다는 사실에 있다. 거주지분화에 따른 거주환경의 지역적 차별성은 다시 사회적 관계의 재생산문제와도 연결된

---

[17] 서울시의 동서간 거리는 36.8km이고, 남북간 거리는 30.0km이다(서울특별시, 2001: 11).

다. 다시 말해 어떤 지역에 거주하고 있는 주민은 그 지역의 지위상징으로서 지역의 가치를 결정하며, 역으로 그 지역은 그곳에 살고 있는 사람들의 사회적 지위에 대한 상징적인 표현을 제공하게 된다(Gibbard, 1941).

앞 절에서 서울시의 역사적 변천을 살펴보면서, 각 시기별로 유용한 자료가 존재하는 한에서 지역별 계층에 따른 거주지분화의 실태를 정리해 보았다. 여기서는 1970년대 이후 강남 개발이 시작되면서부터 현재까지 서울에서 거주지분화가 어떤 양상을 띠는지 분석한 연구결과를 중심으로 논의를 정리하려고 한다.

홍영림(1993: 67)은 서울시 강남지역 개발이 주거지분화에 미친 영향을 분석하는 가운데 서울시 각 구를 집락분석을 통해 네 개의 집락으로 분류한 것을 지도화하고 있다. 그 결과는 1980년에는 강남구가 최상위 지역이고, 강동·강서·은평구가 상위지역으로 나타나고 있으며, 하위지역은 동작·성북구이며, 나머지 구는 중위지역으로 분류되고 있음을 보여준다. 1990년에도 강남구와 아울러 강남구에서 분리된 서초구가 최상위 지역으로 나타나고 있고, 상위지역으로는 1980년대 중반 이후 대단위 주거지역으로 개발된 양천·노원구지역이 1970년대에 개발된 강동·송파구지역과 함께 부상하고 있다고 한다.

도경선(1994)은 사회계층별 동(洞) 단위 주거지분화의 변화를 밝히려는 연구를 했다. 그 결과 1970년대에는 시가지의 외연적 확산을 유도한 강남의 대단위 거주지 개발지역을 중심으로 상위계층과 신중간계층의 지역적 구성비가 높은 동이 집중되기 시작했으며, 각 계층간의 분리 정도도 이와 관련해서 급격히 증가했다고 주장하고 있다. 1980년대에도 기존 대단위 주거지역과 신규 개발지역을 중심으로 신중간계층과 상위계층 구성비가 증가하는 추세가 지속됐으나, 1990년에는 1970년대 말까지 이들의 비중이 높았던 구(舊) 주택지역의 비중이 상대적으로 매우 낮아졌다고 한다. 한편 구 주택지역에서는 공업지역 인근과 신규 개발지역의 외곽에서 하위계층의 비중이 높게 나타나고, 도심에서는 구중간계층의 거주비율이 높은 편이나, 신규 개발지역에 비해 거주지의 분화 정도가 약하게 나타난다고 밝히고 있다(도경선, 1994: 30-35, 44; <표 3-1> 참조).

그는 이러한 서울시의 거주지분화가 일차적으로 주택공급의 측면에 기인한다고 보며, 개별수요 측면에서 거주지분화에 작용한 요인을 살펴보기 위해, 거주환경 요소에 대한 각계층의 선호와 고려의 비중을 조사한 결과, 계층과 지역별 차이 없이 조용하

〈표 3-1〉 1970-90년대 계층별 거주지(洞) 분포: 계층간 거주지 분리

	1970년대	1980년대	1990년대
상위계층의 비중이 높은 동	삼청, 청운, 필동, 성북, 동선, 청파, 화곡, 역촌, 신사, 동교, 서교, 상도	은평, 녹번, 역촌, 동교, 압구정, 여의도, 이촌1	여의도, 문정, 잠실7, 오금, 이촌, 광장, 서빙고, 흑석2,
신중간계층의 비중이 높은 동	이촌1, 불광2, 청운, 갈현, 이문, 미아3, 성북, 마포, 정릉, 화곡, 수유	청담, 반포, 삼성, 대치, 둔촌, 잠실, 역촌, 갈현, 청운, 성북, 수유, 화곡	개포3, 대치, 반포, 상계, 중계, 목동
구중간계층의 비중이 높은 동	영등포, 창신, 청량리, 응암, 아현, 반포, 양재,? 과해, 상암	한강로, 영등포, 도선, 금호, 자양, 제기, 용두	한강로, 영등포, 제기, 도선, 길음
하위계층의 비중이 높은 동	도봉, 상계, 신내, 사당, 신림, 구로, 염창, 신정, 중곡, 옥수, 금호	염창, 중계, 거여, 고덕, 구로, 성수	대림2, 독산, 가리봉, 시흥, 면목2, 고척, 성수2, 신길

출처: 도경선. 1994. 30-35쪽에서 재구성.

고 깨끗한 환경과 교육환경의 질을 최우선시하는 것으로 나타났다고 한다. 또한 일단 형성된 거주지분화의 구조는 상당기간 지속될 가능성이 높다고 주장했다.

윤인진(1997)은 강북과 강남의 구분은 서울시 발달과정을 살펴볼 때 중요한 의미를 갖는다고 보았다. 강남지역은 1970년대 이후 새로운 거주지역으로 집중 개발되면서 중상류층과 상류층의 전입이 활발했던 반면, 강북지역은 개발 억제책으로 인해 낙후지역으로 전락했고 강북의 도시기반시설과 공공시설이 노후화하고 주거환경이 악화됐다. 따라서 강남구, 서초구를 비롯한 강남일대는 타 지역에 비해 40대 중반 이상의 중상류층, 상류층이 많이 거주하고 사회계층 면에서 동질적인 지역으로 변모했다(남영우·서태열, 1995: 266). 이에 따라 윤인진(1997: 250)은 서울을 강북지역과 강남지역으로 양분하고, 각 지역의 계층간 상이지수를 계산했는데, 강남지역에서는 상류층과 중상류층간의 상이지수(D=0.156)가 강북지역(D=0.169)에 비해 낮은 반면, 하류층과 상류층간의 상이지수(D=0.272)는 강북지역(D=0.202)에 비해 높았다는 사실을 통해 기존 연구의 발견을 뒷받침하고 있다.

또한 윤인진(1997: 254-257)은 하류층 비율이 높은 동일수록 인구밀도가 높고, 반대로 상류층 비율이 높을수록 인구밀도가 낮으며, 전문직과 화이트칼라 직종에 종사하는 비율이 높은 중상류층과 상류층은 도심에 대한 근접성은 포기하더라도 양질의 주택을 선택해 도심 외곽에서 거주하는 비율이 높다고 밝히고 있다.

송명규(1992)는 지방공공재가 소득계층별 거주지분화에 미치는 영향에 관한 연구를 통해, 서울시에는 행정동별로 소득계층별 주거지분화 현상이 뚜렷이 발생하고 있으며, 고소득층일수록 질과 접근성 측면에서 고등교육(학군), 공원, 지하철, 문화시설 등 지방공공재의 혜택을 많이 누리며, 주택가격과 전세가격(임대료)은 대체로 학군, 행정동의 간선도로율, 문화시설 접근성, 주별 지하철역 접근성의 순서로 크게 영향을 받으며, 고소득층의 주거지일수록 평균 주택가격 및 평균 전세가격이 높다는 사실을 발견하고 있다.

제4장 서울시의 산업과 경제

이 장에서는 서울시의 경제와 산업현황을 살펴본다. 국토개발연구원의 분석에 의하면 우리나라의 중추기능 중 경제기능은 76%, 정보기능은 6%, 국제기능은 93%가 서울에 집중돼 있다고 한다. 조금 더 구체적으로 말하면 내국세 징수액의 52%, 어음 교환액의 88%, 예금과 대출액의 52%, 상장기업 본사의 67%가 서울에 몰려 있다고 한다. 또한 전국 백화점 매장면적의 48%, 상수도 급수량의 39%가 서울에 집중돼 있다(이건영, 1994: 104-105). 서울시 예산규모는 정부예산 대비, 2000년 현재 7.3%이며, 동년도에 시세(市稅)는 내국세 대비 9.6%다(서울특별시, 2000b: 740 표 참조).

1. 서울시 경제·산업의 위상

1) 국내 주요도시와의 비교

<표 4-1>은 우리나라 주요도시의 경제관련 지표를 요약해 제시하고 있다. 울산광역시가 중화학 중심의 공업단지를 안고 있고 인천광역시 또한 공업단지가 발달해 있기 때문에 생산액과 출하액에서 서울특별시를 앞서고 있기는 하지만, 서울시는 사업체수, 종업원수 및 연간 급여액에서 국내 도시 중 1위의 위치를 차지하고 있음을 볼 수 있다.

<표 4-2>는 1999년도의 대분류 산업별 우리나라 주요도시별 사업체수와 종사자수를 보여준다. 서울은 사업체수와 그 종사자

〈표 4-1〉 국내 도시 주요 지표: 광업 및 제조업 5인 이상(1999)

구분	단위	도시명 서울	부산	대구	인천	광주	대전	울산
사업체수	개소	17,488	8,652	5,800	7,320	1,283	1,227	1,185
월평균종사자수	명	268,834	185,612	120,752	197,167	45,516	36,266	126,812
연간급여액	10억원	3,510	2,430	1,661	2,933	713	559	3,176
출 하 액	10억원	29,129	18,410	14,176	30,641	7,884	6,192	58,554
생 산 액	10억원	29,376	18,197	14,209	30,591	7,922	6,211	58,603

출처: 서울특별시. 2001. 도시비교통계, 2000. 8쪽에서 재구성.

〈표 4-2〉 산업 대분류별 사업체 수 및 종사자 수

도 시 명	합계	
	사업체수	종사자수
서 울	690,205	3,367,652
부 산	256,561	1,045,176
대 구	171,487	657,459
인 천	138,119	641,990
광 주	85,073	367,734
대 전	86,232	356,033
울 산	55,660	310,708

출처: 서울특별시. 2001. 도시비교통계. 2000. 128쪽에서 재구성.

수에서 다른 도시를 압도하며, 2위인 부산광역시에 비해서도 사업체수에서 2.7배, 종사자수에서 3.2배의 비율을 보이고 있다.

사업체당 평균 종사자수를 계산해 보면, 서울은 4.9명으로 울산광역시의 5.6명에 이은 2위다. 중화학 공업도시의 성격을 갖는 울산시에 상대적으로 대규모 사업장이 집중돼 있음을 알 수 있는 결과다.

그런데 최근의 자료인 2000년 기준 '사업체 기초통계조사' 결과를 보면, 서울시에 존재하는 전 산업의 모든 사업체수는 719,536개이며 종사자수는 3,574,824명으로, 사업체당 평균 종사자수는 4.97명으로 나타났다. 이를 <표 4-2>의 전년도와 비교해 보면, 사업체수는 29,331개가 증가해 4.25%의 증가율을 보인 것이며, 종사자수는 207,172명이 증가해 6.15%의 증가율을 나타낸 것이다. 2000년 기준으로 서울특별시는 사업체수에서 전국 3,013,417개 대비 23.9%를 차지하고 있으며, 종사자수는 전국 13.604,274명 대비 26.3%를 차지하고 있다(서울특별시, 2001c: 17).

2) 서울시 주요지표 현황

(1) 인구와 경제활동참가율

2000년 현재 서울시 인구는 1,037만여 명이며, 남녀 구성비는 반반이다(<표 4-3> 참조). 서울시의 이러한 인구규모는 1995년에 비해 약 22만 명 가량이 줄어든 것인데, 90년대 후반 들어 인구가 수도권으로 순수 유출되는 경향을 반영한 결과다. 2000년의 서울시 인구밀도는 km^2당 17,131명으로 세계적으로도 수위다.

한편 2000년 현재 서울시의 15세 이상 인구는 783만 명이며, 이 중 479만 명이 경제활동인구로 경제활동참가율은 61.2%다. 경제활동인구 중 약 23만 명이 실업상태인 것으로 나타나 4.8%의 실업률에 해당한다.

(2) 행정구역

서울시 행정구역은 구(區)와 동(洞)으로 구성돼 있는데, 1968년

⟨표 4-3⟩ 서울시 인구

	인구	남	여	인구밀도 (명/km^2)
1995	10,595,943	5,326,022	5,269,921	17,491
2000	10,373,234	5,198,186	5,175,048	17,131

출처: 서울특별시. 2001. 서울시 주요 행정통계. 13쪽에서 재구성.

〈표 4-4〉 행정구역 수

	구	행정동
1968	9	302
1973	11	317
1978	13	382
1983	17	426
1988	22	475
1993	22	521
1997	25	530
1998	25	522
1999	25	522
2000	25	522

출처: 서울특별시. 2001. 서울시 주요 행정통계. 70쪽에서 재구성.

9개였던 구는 20년 후인 88년에 22개로 늘어났고, 2000년 현재는 25개 구로 이루어져 있다. 서울시의 지역 팽창을 반영한 이러한 구의 증가에 따라 행정동의 숫자도 크게 증가해 왔는데, 68년에 302개이던 동의 수는 1988년에 475개에 이르고, 2000년 현재 서울은 522개의 행정동으로 구성돼 있다(<표 4-4> 참조).

(3) 소유형태별 주택현황

서울시의 총 주택수는 1960년에 46만 채이던 것이 1970년에는 58만으로 증가했고, 이후 급격한 증가세를 보여 매 5년마다 20만 채 가량이 증가해 1995년에 약 170만 주택에 이르렀고(<표 4-5> 참조), 2000년 현재 주택수는 약 207만 채다.[18]

---

[18] 2000년에 전체 주택 중 아파트의 비율은 46.5%이고, 단독주택이 35.0%, 연립·다세대주택이 18.5%의 구성비를 보인다(서울특별시,

〈표 4-5〉 소유형태별 주택 현황

	총계	자가	전세	월세	무상 또는 기타
1960	461,892	252,433	177,733		16,708
1970	583,612	512,782	58,888		11,942
1975	744,247	635,673	76,991	20,436	11,147
1980	968,133	801,832	126,302	29,235	10,764
1985	1,176,162	946,941	158,046	51,771	19,404
1990	1,430,981	1,068,330	265,392	80,818	16,441
1995	1,688,111	1,174,395	393,075	106,130	14,511

출처: 서울특별시. 2001. 서울시 주요 행정 통계. 75쪽.

이 중 자가(自家)는 1960년에 25만으로 54.7%이던 것이 70년에는 51만으로 증가하면서 그 비율이 87.9%로 급증했고, 80년대 후반까지는 80%선을 유지해 왔으나, 90년대 들어 그 비율이 급격히 축소해 90년에 74.7%, 95년에 69.6%의 비율을 보이고 있다. 이런 현상에는 인구의 서울 집중도 일조하고 있지만, 세대 분리에 따른 서울시 세대수의 증가 또한 영향을 미치고 있다.

자가가 아닌 주택의 경우, 전세와 월세의 비율은 1980년까지는 약 4 : 1이었으나, 80년대 중반부터 약 3 : 1로 변해 월세의 비중이 높아졌고, 90년대 중반에 이르러서는 다시 약 4 : 1로 그 비율이 변하는 추세였다.[19]

2001: 34 표 참조).

[19] 이러한 전월세의 비율은 자가가 아닌 거주자의 주거 안정성이라는 측면에서 관심의 대상이며, 월세 거주자가 평균적으로 소득이 낮고 주거 안정성이 낮다는 점을 고려해야 한다. 그러나 2000년 이후 다시 월세의 비율이 높아지고 있는 것은 이전까지의 전월세 현상과는 약간 달리, 저금리로 인해 주택 소유자들이 전세계약을 대거 월세(혹은 부분 월세)로 전환한 데 따른 결과~다.

(4) 전력사용 현황

서울시의 전력사용량은 도시의 확장과 산업화에 의해 급격히 증가해 왔는데, 1968년에 140만㎾이던 사용량은 2000년 현재 약 3,200만㎾로 증가해 23배의 증가율을 보이고 있다(<표 4-6> 참조).

특이한 점은 동기간 중 산업용은 70년대까지는 증가했지만 이후 감소세로 돌아선 반면, 주택용 전력수요가 빠른 속도로 증가해 1968년 대비 2000년에 77배로 증가했다는 점이다.

1980년대 중반부터 주택용과 산업용을 앞지르기 시작한 서비스업용 전력사용량은 이후 계속 증가하면서 1위를 유지하고 있으며, 2000년 현재 그 구성비는 55%에 이른다. 2위는 주택용으로 29%이며, 3위는 산업용으로 9%, 공공용이 4위로서 7%다.

<표 4-6> 전력사용

	총계	주택용	공공용	서비스업	산업용
1968	1,398,442	120,112	254,428	(23,788)	890,114[1]
1973	3,297,682	690,799	149,787	(2,276,144)	180,952
1978	5,863,221	1,444,133	171,983	(204,838)	4,042,907
1983	7,859,263	2,404,121	514,278	2,464,498	2,476,363
1988	13,073,675	3,970,666	886,978	4,850,332	3,365,699
1993	19,870,468	6,447,793	961,135	9,190,141	3,271,399
1996	25,686,055	7,687,215	1,557,846	13,258,311	3,162,683
1997	27,314,634	8,069,223	1,860,372	14,390,896	2,994,143
1998	26,671,714	8,040,598	1,789,114	13,798,846	2,533,156
1999	28,447,268	8,518,158	1,898,620	15,279,853	2,750,637
2000	31,395,004	9,191,996	1,963,838	17,348,360	2,890,811

출처: 서울특별시. 2001. 서울시 주요 행정 통계. 80쪽.

(5) 산업별 및 종사자 규모별 사업체 현황

① 산업별 현황

서울시 전 산업의 모든 사업체수는 2000년 현재 719,536개이며, 종사자수는 3,574,824명이다. 이러한 서울시 사업체수를 산업별로 살펴보면, '도매 및 소매' 사업체가 237,985개(33.1%)로 가장 많고, 다음이 '숙박 및 음식점업'으로 116,758개(16.2%)이며, '운수업'이 80,757개(11.2%)의 순서로 나타났다(서울특별시, 2001c: 18).

산업별 종사자수를 보면 '도매 및 소매업'이 816.594명(22.8%)으로 가장 많고, 이어 '제조업'이 568,421명(15.9%), '숙박 및 음식점업'이 362,912명(10.2%)의 순서다.

② 종사자 규모별 현황

종사자 규모별로 서울시의 사업체수를 구분해 보면, 2000년 현재 종사자 1~4인 규모의 소규모 사업체가 595,749개로 전체의 82.8%를 차지하고 있다. 이어 종사자 5~19인 규모의 사업체가 101,102개(14.1%), 20~49인 규모의 사업체가 15,151개(2.2%)이며, 종사자 300인 이상의 대규모 사업체는 724개로 전체의 0.1%에 불과한 것으로 나타났다.

한편 종사자 규모별로 종사자수를 구분해 보면, 종사자 1~4인 규모의 소규모 사업체에 종사하는 종사자수가 1,108,451명으로 31.0%이며, 5~19인 규모 사업체에 종사하는 종사자수가 844,587명으로 23.6%를 차지해 20인 미만 영세업체 종사자가 약 55%로 대부분을 차지하고 있다. 반면에 종사자 300인 이상인 대규모 사업체의 종사자수는 512,504명으로 서울시 전체 종사자의

14.3%로 나타났다(서울특별시, 2001c: 28-29).

3) 서울시의 경제(문화) 집중도

<표 4-7>은 서울특별시가 우리나라에서 차지하는 경제 및 문화관련 지표의 비중을 보여주고 있다. 이 중 경제, 산업관련 지표를 살펴보면 다음과 같다.

서울시는 우리나라 인구의 약 22%를 안고 있고, 국내총생산(GDP)의 23%를 담당하고 있다. 또한 전국 제조업체 수의 19%, 도소매사업체 수의 23%(도소매 판매액은 38%임), 식품접객업소 수의 21%를 차지하며, 호텔 수의 19%, 기타 숙박업체 수의 15%를 차지한다. 전국 대학교의 23%가 서울에 소재하며, 의료기관은 약 1만 개로 전국의 29%(종합병원은 26%)인데, 의사 수는 이보다 높은 비율인 36%가 몰려 있다.

은행점포 수의 36%를 차지하는 서울은 전국 예금의 50%, 대출의 46%를 담당하고 있다. 서울의 높은 경제 집중도는 세금관련 지표에서 더욱 두드러지게 부각되는데, 내국세의 46%, 소득세의 58%, 법인세의 79%가 서울에서 걷히고 있다.

한편 서울의 전력소비량은 2,600만kWh로 전국의 14%이며, 유류소비량은 13%다. 교통과 통신관련 지표를 살펴보면, 서울의 자동차 대수는 2백만 대를 돌파해 전국의 21%를 점유하며, 전화가입자 수는 전국의 26%에 해당한다.

〈표 4-7〉 서울시 경제문화 집중도

구 분	단 위	기준년도	전 국	서 울	집중도(%)
인 구	1,000명	1999	47,543	10,321	21.71
국내(시내)총생산(GRDP)	10억원	1997	432,195	97,947	22.7
광업및제조업체수	개 소	1998	80,315	14,885	18.5
은 행 점 포 수	〃	1998	6,726	2,446	36.4
은 행 예 금	10억원	1998	251,795	126,275	50.1
은 행 대 출	〃	1998	200,289	91,918	45.9
내국세(징수실적)	〃	1998	51,238	23,758	46.4
소득세(징수실적)	〃	1998	17,194	10,026	58.3
부 가 가 치 세	〃	1998	15,707	3,315	21.1
법 인 세	〃	1998	10,776	8,500	78.9
도소매업사업체수[1]	1,000개소	1997	1,565	361	23.1
도소매업판매액[1]	10억원	1997	294,832	111,267	37.7
전 력 소 비 량	100만kWh	1998	193,470	26,162	13.5
유 류 소 비 량	1,000배럴	1998	670,278	84,344	12.6
숙 박 시 설	개 소	1998	30,023	4,682	14.6
호 텔 수	〃	1998	882	164	18.6
식품접객업소수	〃	1998	636,244	135,132	21.2
의 료 기 관 수	〃	1998	34,588	9,898	28.6
종 합 병 원 수	〃	1998	255	66	25.9
의사수(의사,치과의사)	명	1998	60,964	21,621	35.5
의료보험수혜자수	1,000명	1998	44,472	11,688	26.3
자 동 차 수	1,000대	1998	10,470	2,199	21.0
전화가입자수	1,000명	1998	20,089	5,258	26.2
대 학 교[2]	개 소	1999	188(19)	43(3)	22.9
건 축 허 가	1,000㎡	1998	50,965	5,873	11.5

자료: 서울특별시,『주민등록인구통계』; 통계청,『지역내총생산』;『산업총조사보고서』;『도매업통계조사보고서』;『한국통계연감』; 전국은행연합회,『금융기관점포총람』; 한국은행,『지역금융통계』; 국세청,『국세통계연보』; 보건복지부,『보건복지통계연보』; 교육부,『교육통계연보』.

주 1) 도·소매업과 숙박·음식업이 포함된 자료임
　 2) 교육대학교 포함. ( ) 내는 분교수로 전체수에 포함했음(1996년 자료부터 적용됨).

출처: 서울특별시. 2000b. 시민생활백과. 742쪽.

2. 서울시 경제·산업의 특징과 문제점[20]

1) 서울시 산업구조와 특성

(1) 서울시의 산업구조

　서울시의 산업구조를 사업체수로 살펴보면, 1997년 현재 3차산업이 89.1%를 차지하고 2차산업이 10.9%로 나타나 3차(서비스)산업의 비중이 압도적으로 높게 나타나고 있으며, 산업별 종사자수의 구성비도 3차산업이 82.6%이고 2차산업이 17.3%로 나타나 3차산업 종사자의 구성비가 월등히 높음을 알 수 있다.

　서울의 산업구조를 부가가치 생산기준으로 살펴볼 때, 서울의 지역내총생산(GRP)에서 3차산업의 비중은 계속 증가하고 있는 반면, 제조업의 비중은 빠르게 줄어드는 추세를 보이고 있다. 즉 제조업의 비중은 1986년 19.0%, 89년 16.1%, 92년 13.0%, 95년 11.7%로 감소한 반면, 3차산업의 비중은 1986년 88.0%, 89년 83.1%, 92년 86.5%, 95년 88.0%로 상승하고 있다. 특히 3차산업 가운데서도 금융·보험·부동산·사업서비스 등 생산자 서비스

---

20) 이 절의 내용은 서울산업진흥대책위원회, 1999, 『새서울 산업정책의 추진방향』을 주로 참고했다.

〈표 4-8〉 서울시 산업별 GRP 추이(1990년 불변가격)   (단위: %)

구분	1986년	1995년	1996년
1차산업	1.0	0.3	0.3
2차산업	19.0	11.7	11.5
3차산업	88.0	88.0	88.2
전기·가스·수도	0.7	0.8	0.8
건설업	9.8	7.5	7.4
도소매·음식숙박업	25.5	23.9	23.2
운수·창고·통신업	9.2	11.4	12.1
금융·보험·부동산	27.8	37.1	37.5
사회·개인서비스업	7.0	7.3	7.2
전 산업	100.0	100.0	100.0

자료: 통계청, 『지역내총생산』, 1997.
출처: 서울산업진흥대책위원회. 1999. 새서울 산업정책의 추진방향. 28쪽에서 재구성.

의 비중이 가장 크면서 계속 성장하고 있다[21](<표 4-8> 참조).

따라서 1980년 이후 서울의 산업은 2차산업이 감소하고, 서비스산업을 중심으로 한 3차산업의 비중이 증대하면서 탈공업화, 서비스 경제화가 진행되고 있음을 알 수 있다.

(2) 서울시 산업구조의 특성

서울시 산업구조는 앞에서 살펴본 바와 같이 2차산업의 비중이 빠르게 감소하면서 서비스업의 비중이 증가하고 있으며, 제조업 중에서도 직접 생산부문보다는 생산을 기획하고 디자인하는 간접부문의 역할이 커지는 소프트화 현상이 일어나고 있다.

---

21) 도소매·음식숙박업의 비중도 24~25% 정도를 유지하고 있다.

① 제조업의 침체

서울시의 제조업은 제조공장의 시외 유출이 계속되고 있어 전국에서 차지하는 공업출하액 비중이 1971년 30.6%, 81년 14.9%, 91년 9.4%, 96년 7.6%로 급격하게 줄어들고 있다.22)

② 서비스산업의 집중

서비스 경제화의 견인차가 되고 있는 서울의 서비스산업은 건설업, 도·소매업, 정부서비스를 제외한 3차산업으로 정의할 경우 1990년대 중반에 이미 지역내총생산(GRP)의 약 60%, 사업체수의 약 50%, 종사자수의 약 40%를 차지해 서울 산업 중 최대산업이다.

서울시 서비스산업의 특징을 종사자수로 살펴보면 다음과 같다. 첫째, 숙박 및 음식점업(18.8%)이 많이 집중돼 있다. 둘째, 운수·창고·통신서비스(6.1%), 금융·보험업(5.2%)이 집중돼 전국 및 세계를 대상으로 한 네트워크의 중추적 기능을 담당하고 있다. 셋째, 기업체 업무의 외부화 등으로 생산자 서비스업(정보서비스, 조사, 광고, 리스업, 부동산임대 서비스업 등)이 집중해 있다.

③ 중소기업 중심

서울시에는 2000년 기준으로, 719,536개의 사업체 중 96.9%에 이르는 696,851개의 중소기업(종업원 20인 미만)이 있고, 서울시 전체 종사자의 54.6%가 이곳에 종사하고 있다. <표 4-9>는 1997년 기준 주요산업별 중소기업의 비중을 보여주고 있다.

---

22) 그러나 여전히 서울에는 1997년 현재 종사자 5인 이상의 공장이 18,113개 있으며, 이곳에서 월평균 298,613명이 종사를 하고 있다.

〈표 4-9〉 중소기업의 비중

업종	중소기업의 비중	
	사업체수	종사자수
전 업 체	99.8	75.2
제 조 업	99.7	70.0
도·소매업	98.6	72.0
금융·보험·사업서비스	90.3	30.7

주: 중소기업은 제조업의 경우 299인 이하, 도·소매업, 금융·보험·사업서비스의 경우는 19인 이하로 함.
자료: 통계청, 「사업체기초통계조사보고서」, 1997.
출처: 서울산업진흥대책위원회. 1999. 새서울 산업정책의 추진방향. 43쪽.

2) 서울시 산업구조의 변화

(1) 중소 제조기업의 역할증대

1995년 센서스 조사결과 서울의 제조업은 5~19인 사업체가 82%로 절대다수를 차지하고, 이들의 제조업 고용비율은 전체의 39%를 차지하고 있다. 사업체 및 고용증가에서 5~19인 업체는 사업체수 증가분의 96%를 차지하고, 제조업 고용의 절대적 감소에도 불구하고 이들 중소 제조업체가 약 132%에 달하는 고용증가 기여를 하고 있다.[23]

---

[23] 반면에 500인 이상 업체의 기여율은 -151%로, 이는 전체 제조업의 고용감소가 이러한 500인 이상 대기업의 고용감소에서 주로 영향을 받고 있음을 알 수 있다.

(2) 서비스 경제화

서울시 경제는 서비스화의 진전으로 고용의 대부분이 서비스산업에서 이루어지고 있고, 1995년 전 산업에서 차지하는 서비스업의 비중은 사업체와 종사자가 각각 88%와 81%다. 한편 1981~1995년 기간 전 산업 사업체수 증가분에서 서비스업체가 92%를 차지하고 있고, 고용증가에서도 서비스분야가 전체 고용증가의 99%를 차지하고 있다.

(3) 세수감소 및 저소득층 실업증가

서울에 입지했던 기업의 교외이전은 서울시의 세수에 부정적 영향을 미치고 있으며, 서울이 가졌던 부의 수도권으로의 이전과 서울에서 일자리를 감소시키는 결과를 초래하고 있다. 특히 제조업 생산직 일자리가 축소돼 저소득층의 실업률이 높아지고 있다. 저소득층의 실업률이 증가하게 되면 세수 중 주민세 소득이 감소하고 장기적으로는 실업자를 대상으로 한 사회복지 지출수요가 증가해 서울시의 재정에 큰 부담이 될 수 있다.

3) 사회·경제환경 및 산업입지 여건변화에 따른 문제점

(1) 기업의 교외이전에 따른 중산층 인구유출과 사회계층 양극화

1990년대 초반 신도시건설을 기점으로 해 제조업뿐 아니라 기

업의 본사나 연구소 같은 중추기능도 교외지역으로 빠져 나가고 있어 중산층 고급 전문인력의 유출을 함께 초래하고 있다.

이와 함께 대형 유통시설을 비롯한 편리한 소매기능이 교외지역으로 확산됨에 따라 서울 외곽지역이 살기 편한 주거지역으로 인식되면서 젊은 전문직 종사자의 주거 교외화가 가속되고 있다. 이는 서울의 인구를 감소시켜 서울의 과밀을 완화시키는 긍정적 영향을 초래하는 반면, 중간계층의 인구유출을 초래해 서울시 계층별 인구구성에 영향을 주는 방향으로 작용하고 있다.

서울의 제조업 종사자도 직장이 수도권지역으로 이전함에 따라 교외로 주거지를 이전하거나 아예 다른 직업으로 전환하고 있으며, 이러한 직업변화는 고임금 직종 종사자와 저임금 서비스 직종 및 비공식부문 종사자간의 임금격차를 야기해 사회계층의 양극화를 초래했다.

(2) 전국 대비 생산 점유율의 하락

서울의 전국 대비 지역총생산(GRP), 제조업체수, 종업원수 비중은 계속 감소하고, 계속되는 탈공업화로 제조업 비중도 현저히 감소하고 있다. 제조업 생산성은 전국 15개 시도 중에서 최하위 수준이며, 사업체당 부가가치도 제주를 제외하면 생산성이 가장 낮고, 사업체당 부가가치는 7억 3천만 원으로 영세업체의 비중이 높은 실정이다.

전체 제조업에서 첨단산업[24]이 차지하는 비중도 낮아 서울시

---

24) 첨단산업은 한국표준산업분류(SIC) 30, 31, 32, 33, 252 등 사무계산

의 첨단산업 비중은 사업체수 기준으로 7.4%(전국 평균은 11.8%), 종업원수 기준으로 13.1%(전국 평균은 19.8%), 생산액 기준으로 17.0%(전국 평균은 22.6%), 부가가치 기준으로 14.9%(전국 평균은 25.7%)로 전국 평균의 약 2/3 수준에 머물고 있다.

산업성장률도 일부 3차산업을 제외하고는 전국 평균보다 낮으며, 특히 전통적으로 서울이 비교우위를 가지고 있던 금융·보험·부동산·사업서비스와 도소매·음식·숙박업 등에서도 성장률 둔화로 인해 서울 산업의 미래는 매우 불투명한 상태다.

3. 서울시 자치구별 경제와 산업

1) 자치구별 인구, 세대 수 및 예산규모

(1) 자치구별 인구와 세대 수

서울시 25개 자치구별로 인구 및 세대수를 보면 <표 4-10>과 같다. 2000년 현재 서울시의 총인구는 1,037만 3천 명이며, 이중 인구가 가장 많은 구는 송파구로 66만 5,644명으로 전체의 6.5%에 해당한다. 2위는 노원구 63만 4,068명이며, 3위는 강남구

회계용 기계, 기타 전기기계 및 전기변환 장치, 음성음향 및 통신장비, 의료정밀광학기기 및 시계, 플라스틱산업 등이 포함된다.

〈표 4-10〉 자치구별 인구, 세대, 인구밀도

	인구		인구밀도
	인 구	세 대	
계	10,373,234	3,540,492	17,131
종로구	188,946	69,935	7,902
중 구	144,074	53,964	14,465
용산수	248,794	90,547	11,376
성동구	432,508	119,842	20,339
광진구	393,055	137,934	23,053
동대문구	382,122	136,644	26,872
중랑구	459,255	153,386	24,811
성북구	463,488	159,916	18,864
강북구	352,772	117,886	14,942
도봉구	371,932	118,807	17,873
노원구	634,068	201,204	17,901
은평구	470,747	158,856	15,839
서대문구	373,105	131,473	21,199
마포구	390,101	141,862	16,336
양천구	488,282	155,521	28,062
강서구	522,962	173,789	12,635
구로구	404,786	135,869	20,129
금천구	268,768	91,827	20,674
영등포구	409,399	143,085	16,663
동작구	417,396	144,888	25,529
관악구	525,926	186,734	17,786
서초구	401,858	137,997	8,525
강남구	555,493	193,101	14,045
송파구	665,644	222,053	19,653
강동구	497,753	163,345	20,250

출처: 서울특별시. 2001b. 서울시 주요행정통계. 12쪽에서 재구성.

55만 5,493명, 4위는 관악구 63만 4,068명, 5위는 강서구 52만 2,962명으로 이들 5개 구는 모두 인구 50만 명을 넘고 있다.

거주인구가 가장 적은 구는 중구로 14만 4,074명(1.4%)이며, 그 다음이 종로구로 18만 8,946명(1.8%)이다. 용산구와 금천구도 인구수가 30만 명을 넘지 않고 있다. 나머지 자치구의 인구수는 30~40만 명 선에 해당한다.

한편 2000년 현재 서울시의 총 세대수는 350만 세대로, 세대당 평균 인구수는 2.96명이다. 세대수의 분포는 인구수의 분포와 거의 일치하고 있어 세대가 가장 많은 구는 송파구의 222,053세대로 전체의 약 6.3%에 해당한다. 세대수 상위 2위에서 5위까지의 순위는 인구수의 순서와 마찬가지다. 이 중 1위의 송파구와 2위의 노원구만 세대수가 20만을 넘고 있다. 세대수가 가장 적은 구는 인구수와 마찬가지로 중구로 53,964세대(1.5%)이며, 그 다음이 종로구 69,935세대(2.0%)이다. 용산구와 금천구의 세대수도 10만을 넘지 않고 있다.

인구밀도는 양천구가 가장 높게 나타나고(28,062명/㎢), 이어서 동대문구, 동작구, 중랑구, 광진구의 순서다. 인구밀도가 가장 낮은 자치구는 종로구로 7,902명이며 다음으로 낮은 곳은 서초구(8,525명)인데, 이 두 개의 구를 제외하면 인구밀도는 모두 ㎢당 1만 명을 넘고 있다.

참고로 1995년 센서스 자료를 통해 서울시의 주거유형별(단독주택과 아파트) 구성비를 살펴보면, 서울시 전체로는 아파트의 구성비가 42.4%로 나타나고 있다. 자치구별로 볼 때 아파트 구성비가 가장 높은 구는 노원구로 81.9%에 이른다. 2위는 강남구로 76.4%이고, 송파구(66.6%)와 서초구(64.2%)가 그 뒤를 잇고 있다. 이외에 구성비가 50%를 넘는 자치구는 도봉구, 강서구, 강동구다. 반면에 아파트 구성비가 가장 낮은 자치구는 은평구(8.9%), 성북구(11.4%), 중구(15.9%)의 순서다(통계청, 1999: 372 표 참조).

(2) 자치구별 예산규모

서울시 25개 자치구별 연간 예산규모는 <표 4-11>과 같다.[25]

2000년도의 예산규모가 가장 큰 자치구는 강남구로 2,254억 원이며, 2위는 인구수 2위의 노원구로 1,606억 원이다. 특기할 점은 인구수 1위의 송파구 예산규모가 중위권 수준이라는 점과, 인구수가 가장 적은 편에 속하는 종로구와 중구의 예산규모가 오히려 중위권에 속한다는 점이다. 2000년도 예산규모가 1천억 원에 못 미치는 자치구는 금천구와 도봉구 2개다. 전년대비 예산증가율이 높은 자치구는 동작구, 성북구, 도봉구, 관악구, 강북구의 순서다.

각 자치구별 재정자립도를 살펴보면, 1998년(예산기준)의 경우 강남구(96.8%), 중구(96.4%), 서초구(94.2%)가 매우 높은 수준이며, 그 뒤를 송파구(84.7%), 영등포구(77.0%), 종로구(65.5%)가 잇고 있지만, 나머지 자치구는 재정자립도가 50%를 겨우 넘거나 이에 못 미치는 수준이다(통계청, 1999: 958 표 참조).

2) 자치구별 사업체 수 및 종사자 수

(1) 자치구별 사업체 수

서울시 자치구별 사업체수 현황을 보면 중구가 가장 많은 1위로 65,298개(2000년도에는 66.465개로 증가)로서 전체의 9.5%를

---

[25] 서울시 전체 자치구청의 연간 예산규모 합계는 3조 2,639억 원이다.

〈표 4-11〉 자치구별 예산규모　　　(단위: 백만원)

구분 구별	계		
	2000	'99	증감(%)
계	3,263,931	3,537,196	△7.7%
종로구	145,796	149,499	△2.5%
중 구	133,995	140,800	△4.8%
용산구	120,678	127,087	△5.0%
성동구	132,205	143,010	△7.6%
광진구	105,794	109,195	△3.1%
동대문	139,701	157,955	△11.6%
중랑구	125,472	134,582	△6.8%
성북구	131,558	157,095	△16.3%
강북구	107,491	124,431	△13.6%
도봉구	91,100	107,570	△15.3%
노원구	160,561	165,709	△3.1%
은평구	123,320	130,664	△5.6%
서대문	115,929	129,395	△10.4%
마포구	144,612	152,262	△5.0%
양천구	113,037	127,091	△11.1%
강서구	151,170	162,147	△6.8%
구로구	120,072	131,131	△8.4%
금천구	87,681	98,845	△11.3%
영등포	145,718	160,437	△9.2%
동작구	110,246	132,436	△16.8%
관악구	128,743	150,244	△14.3%
서초구	128,607	144,449	△11.0%
강남구	225,411	220,771	2.1%
송파구	149,506	147,184	1.6%
강동구	125,528	132,207	△5.8%

출처: 서울특별시. 2000. 시민생활백과. 739쪽에서 재구성.

차지하고 있으며, 다음은 강남구 44,617개(2000년에는 51,649개로 증가)로 6.5%, 영등포구 41,417개(2000년에는 40,843개로 감소), 종로구 38,481개(2000년에는 39,654개로 증가), 송파구 35,020개, 동대문구 34,285개, 서초구 33,196개 순서이며, 이들 7개 자치구는 각기 사업체수가 3만개를 넘고 있다.

반대로 사업체수가 가장 적은 구는 도봉구 16,042개로 전체의 2.3%이며, 금천구, 강북구, 동작구의 순서로 사업체수가 적은데, 이들 4개 자치구는 사업체수가 2만개 미만인 것으로 나타났다.

(2) 자치구별 사업체 종사자수

한편 자치구별 종사자수 현황을 보면 강남구가 443,589명(2000년에는 496,192명으로 증가)으로 서울시 전체의 13.2%를 차지하고 있고, 다음이 중구 328,359명(2000년에는 344,329명으로 증가), 영등포구 248,161명, 서초구 241,381명, 종로구 215,706명의 순서이며, 이들 5개 자치구는 종사자수가 20만 명을 넘는다.

반대로 강북구는 53,555명(1.6%)으로 종사자수가 가장 적은 구로 나타났다. 이외에도 도봉구, 은평구, 양천구, 중랑구, 성북구, 동작구, 노원구, 광진구, 서대문구, 관악구, 강동구, 구로구의 순서로 종사자수가 적으며, 이들 자치구는 모두 10만 명 미만의 종사자를 갖고 있다.

위에서 살펴본 사업체수와 종사자수의 관계를 분석해 보면, 강남구가 사업체수는 2위이면서 종사자수는 1위인데 사업체별 평균 종사자수가 9.9명으로 나타나 상대적으로 규모가 큰 사업체가 강남구에 많음을 알 수 있다. 한편 사업체수에서 1위를 차지한 중구의 경우 종사자수는 2위이지만, 사업체별 평균 종사자수가 5.0명으로 나타나 사업체의 평균규모가 강남구에 비해 반(半) 정도임을 알 수 있다.

<표 4-12> 서울시 자치구별 사업체 수 및 종사자 수(1999년)

	합계	
	사업체수	종사자수
전 체	690,205	3,367,652
종 로	38,481	215,706
중 구	65,298	328,359
용 산	21,389	117,148
성 동	23,307	111,150
광 진	21,148	80,415
동 대 문	34,285	124,869
중 랑	25,245	79,450
성 북	24,667	79,544
강 북	17,707	53,555
도 봉	16,042	55,246
노 원	21,269	80,168
은 평	21,796	65,760
서 대 문	20,165	81,663
마 포	21,942	129,153
양 천	22,131	77,753
강 서	25,642	128,972
구 로	24,644	99,326
금 천	17,374	102,757
영 등 포	41,417	248,161
동 작	19,422	79,812
관 악	26,672	92,147
서 초	33,196	241,381
강 남	44,617	443,589
송 파	35,020	158,797
강 동	27,329	92,763

출처: 서울특별시. 2000. 서울통계연보. 154쪽에서 재구성.

3) 자치구별 상위 순위 사업체의 산업영역 및 종사자 수

<표 4-13>은 서울시 자치구별로 사업체수가 많은 산업영역(한국표준산업분류의 세세분류 기준)을 1~3위까지 정리한 것이며, 산업명칭 밑 괄호 안 수치는 해당산업의 종사자수를 나타낸다.

서울시 전체로 볼 때, 사업체수 1위의 산업은 '한식집업'이며, 2위는 '택시운송업', 3위는 '기타 소프트웨어 자문, 개발 및 공급업'이다. 다수의 지역이 대체로 이러한 순위 유형을 따르고 있으나, 자치구별로 산업구성의 특이점을 정리해 보면 다음과 같다.

첫째, 여러 자치구(용산구, 성북구, 강북구, 도봉구, 은평구)에서 '기타 음·식료품위주 종합소매업'이 '기타 소프트웨어 자문, 개발 및 공급업' 대신 3위의 산업으로 이루어져 있다.

둘째, 강남구와 서초구 및 영등포구에서는 '한식집업'이 2위인 대신 '기타 소프트웨어 자문, 개발 및 공급업'이 1위의 산업을 이루고 있고, 동작구에서는 '기타 소프트웨어 자문, 개발 및 공급업'이 2위다.

셋째, 종로구와 중구에서는 '직물도매업', '셔츠 및 외의 도매업', '셔츠 및 기타 의복 소매업'이 1, 2위의 산업영역이다.

넷째, 구로구에서는 '전기용 기계장비 및 관련 기자재 도매업'이 1위의 산업이며, 용산구에서도 이 산업이 2위를 차지하고 있다.

다섯째, 금천구에서는 '여성용 정장 제조업'이 1위의 산업이며, 관악구에서는 이 산업이 2위를 차지하고 있다.

여섯째, 송파구에서 1위의 산업은 '과실 및 채소 도매업'이다.

일곱째, 강남구와 서초구에서는 '택시운송업'이 3위 권에 못 드는 대신에, '상품 종합도매업'이 3위의 산업이다.

여덟째, 서대문구와 광진구, 강동구에서는 '간이주점업'이 3위의 산업을 구성하고 있다.

〈표 4-13〉 지역별 사업체 수 상위 산업명칭과 해당분야 종사자수 (단위: 명)

	1위	2위	3위
서울시	한식점업 (125,898)	택시운송업 (90,506)	기타소프트웨어자문,개발및공급업 (74,122)
종로구	한식점업 (9,135)	직물도매업 (5,331)	전기용·기계장비및관련기자재도매업 (3,475)
중구	셔츠및외의도매업 (18,200)	셔츠및기타의복소매업 (8,891)	한식점업 (8,593)
용산구	한식점업 (4,240)	전기용·기계장비및관련기자재도매업 (1,705)	기타음·식료품위주종합소매업 (1,228)
성동구	한식점업 (3,954)	택시운송업 (2,357)	여관업 (2,000)
광진구	한식점업 (3,788)	택시운송업 (2,688)	간이주점업 (1,499)
동대문구	한식점업 (5,144)	택시운송업 (3,179)	여자용정장제조업 (2,280)
중랑구	택시운송업 (6,902)	한식점업 (3,659)	용달및개별화물자동차운송업 (1,690)
성북구	택시운송업 (3,794)	한식점업 (3,662)	기타음·식료품위주종합소매업 (1,528)
강북구	한식점업 (3,134)	택시운송업 (2,755)	기타음·식료품위주종합소매업 (1,204)
도봉구	택시운송업 (7,723)	한식점업 (2,260)	기타음·식료품위주종합소매업 (945)
노원구	택시운송업 (7,929)	한식점업 (3,659)	일반입시학원 (1,624)
은평구	택시운송업 (3,706)	한식점업 (3,143)	기타음·식료품위주종합소매업 (1,490)
서대문구	한식점업 (3,915)	택시운송업 (3,659)	간이주점업 (2,001)
마포구	한식점업 (4,743)	택시운송업 (2,716)	기타소프트웨어자문,개발및공급업 (2,519)

	1위	2위	3위
양천구	택시운송업 (5,749)	한식점업 (3,350)	일반입시학원 (1,402)
강서구	택시운송업 (8,100)	한식점업 (4,680)	용달및개별화물자동차운송업 (1,892)
구로구	전기용기계장비 및 관련기자재도매업 (4,139)	한식점업 (3,487)	택시운송업 (3,321)
금천구	여자용정장제조업 (2,891)	택시운송업 (2,791)	한식점업 (2,342)
영등포구	기타소프트웨어자문, 개발및공급원 (8,579)	한식점업 (7,390)	택시운송업 (3,988)
동작구	한식점업 (3,043)	기타소프트웨어자문,개발및공급원 (1,523)	택시운송업 (1,460)
관악구	한식점업 (4,778)	여자용정장제조업 (3,701)	택시운송업 (2,696)
서초구	기타소프트웨어자문, 개발및공급원 (13,721)	한식점업 (9,120)	상품종합도매업 (5,167)
강남구	기타소프트웨어자문, 개발및공급원 (29,746)	한식점업 (13,867)	상품종합도매업 (8,497)
송파구	과실및채소도매업 (7,447)	한식점업 (6,499)	기타소프트웨어자문,개발및공급원 (4,876)
강동구	택시운송업 (5,763)	한식점업 (4,304)	간이주점업 (1,902)

출처: 서울특별시. 2000. 서울통계연보에서 재구성.

제5장 주거정책과 주거지분화

주거지 형성과 분화는 앞의 1장과 2장에서 살펴본 바와 같이 한편으로 도시의 생태학적 조건과 기술, 그리고 개인의 선택에 의해 자연스럽게 이루어지기도 하지만, 다른 한편으로 제도와 사회집단에 의해 의도적으로 이루어지기도 한다. 특히 정부의 정책과 계획은 법 제정, 막대한 공공재의 투입과 통제, 인센티브 활용 등을 통해 주거지 개발의 촉진과 억제를 유도할 수 있다.

이 장에서는 1910년 한일합방 이후를 중심으로 서울의 주거정책과 계획이 주거지 형성과 분화에 어떤 영향을 주어 왔는지를 살펴본다. 서울지역에 대한 도시계획과 정책은 물론 조선이 한양을 도읍으로 정할 무렵부터 있어 왔다. 태조는 1392년 조선왕조 개국과 더불어 도성이 들어서고 백성들의 주거에 적합하며 왕조가 오랫동안 통치될 수 있는 기반을 지닌 도시를 물색한 끝에 1394년 지금의 서울지역을 도읍으로 정했다. 한양 천도를 결정함과 동시에 태조는 신도궁궐조성도감(新都宮闕造成都監)을 설치하고 새로운 도시계획을 명한 데 이어 같은 해 10월 28일에 천도를 결행했다. 그리고 이듬해인 1395년 수도지역의 행정과 치안을 담당할 기관으로 한성부를 설치했다.

당시 한성부는 1395년 가을에 신축한 경복궁을 중심으로 동, 서, 남, 북, 중부의 5부 52방을 포함하는 도성 내 지역과 성저십리라 불리는 도성 외곽지역을 합한 이원적인 행정구역 체제를 갖추었다. 도성 내 지역인 성내부는 북쪽의 북악산(백악산), 서쪽의 인왕산, 남쪽의 목멱산(남산), 동쪽의 낙산(낙타산) 등에 걸쳐쳐진 18km의 성곽 안쪽, 즉 흔히 4대문이라 불리는 동대문(홍인지문), 남대문(숭례문), 서대문(돈의문), 북대문(숙정문) 안쪽에 자리잡고 있었으며 관할구역의 경계와 구획선이 뚜렷했다. 하지만 성저십리라 불린 변은 한계가 분명하지 않았다. 도성에서 10리 밖까지를 경계로 했다 해도 동남서쪽은 대체로 하천이나 강을, 북쪽은 산의 능선을 경계로 했기 때문에 반드시 10리는 안 됐다고 할 수 있다. 따라서 한성부의 행정구역이 도성 밖 10리까지였다 해도 실제 행정은 인구 대부분이 살고 있는 도성 내에서 이루어졌다.『세종실록』인구통계에 따르면 도성 5부의 인구가 10만 3,328명이나 성저십리에는 6,044명밖에 되지 않았고 그나마 이 인구는 주로 교통의 요지인 동대문과 혜화문 외곽에 밀집해서 살고 있었다.

조선 초기 한성의 도시계획은 도성 내 지역의 주산인 삼각산을 배경으로 경복궁을 그 앞에 앉히고 그 동쪽에 창덕궁을 배치했다. 그리고 좌묘우사(左廟右社)의 원칙에 따라 경복궁 서남쪽에 사직(社稷)을, 창덕궁 남쪽에 종묘(宗廟)를 위치시켰다. 가로는 광화문 네거리를 중심으로 삼아 여기서 동서로 굵은 선을 그어 중심가로(현 종로)를 정했으며, 이 가로 끝에 대문을 두도록 했다. 또 남쪽으로 남산과 삼각산이 맞닿는 지점에 남대문을 두고 이곳을 정점으로 동서의 주 간선도로를 만들었다. 한편 경복궁과 창덕궁에서도 위와 같은 방식으로 각각 동서의 가로선을 그어 서로 연결시켰다(박성태 외, 1993).

이와 같은 조선 초의 도시계획은 조선조 내내 한성의 기본 도시골격이 됐다. 하지만 이 밖에 한성에 대한 별다른 도시계획과 정책은 조선 초 이후로 거의 나타나지 않았다. 따라서 조선조 내내 한성의 도시공간 구조와 면적은 크게 변하지 않았으며, 인구도 전쟁시기를 제외하고는 20만 명 내외에서 상당히 안정된 모습을 유지했다.

조선조의 안정된 도시공간 구조와 인구는 일제의 강제합병과 함께 크게 바뀌게 됐다. 일제시기에 서울은 초보적이지만 산업화와 도시화를 겪게 됐고, 아울러 일제는 식민정치의 일환으로 조선의 수도를 재정비했으며, 아울러 도시의 복잡한 기능과 역할을 고려한 현대적 의미의 도시계획을 처음으로 실시했다. 이런 요소는 조선 초에 정립된 서울의 공간구조를 대대적으로 변화시켰으며, 아울러 서울이 오늘날의 거대도시로 탈바꿈하는 데 기본적인 틀과 골격을 제공해 주었다. 따라서 오늘날 서울의 거주지 형성과 분화에 영향을 미친 주거계획과 정책은 일제의 식민시대부터 살펴보는 것이 타당할 것 같다.

1. 일제 식민기(1910~1945)

 일제는 합방과 더불어 과거 독립국가로서 조선이 지녔던 위상과 상징을 폄훼하는 작업을 전 방위에 걸쳐 시도하기 시작했다. 이러한 정책의 일환으로 일제는 합병하던 해인 1910년 500여 년간 서울이 간직한 이름인 한성부를 경성부로 개칭하고, 동시에 경성부를 경기도 관할하에 두어 한 나라의 수도를 일개 도시로 격하시켜 버렸다. 이듬해인 1911년 성내를 5부로, 성외를 8면으로 개편하는 부면제를 실시했다.

 총독부는 또 1912년 총독부고시 제78호 '경성시구 개수 예정 계획노선'과 1913년 총독부령 제11호 '시가지 건축취체 규칙'을 각각 발표해 민간인의 건축행위를 통제함으로써 서울의 성장을 억제하고, 또 경복궁 등 기존 건축물에 대해서도 이를 철거할 수 있는 법적 근거를 마련했다. 하지만 건축통제에 관한 총독부령 제11호는 당시 도시계획법과 건축법이 제정되기 이전의 상태에서 건폐율, 건축선, 건축물의 재료, 부대시설, 미관, 재해방지 등에 대해 규정하는 한편 현재 도시계획법상의 개념인 방화지구, 미관지구, 준공업지구 등을 설정함으로써 근대적인 도시계획의 모형을 제시하기도 했다. 1914년 총독부는 경성부의 8면 중 대부분을 고양군에 편입시켜 경성부의 행정 경계를 성내의 5부로 더욱 축소시켰다. 이로 인해 경성부의 인구는 1910년의 28만여 명에서 1914년에는 25만여 명으로 줄어들었다.

한편 일제는 한일합방 이후 회사령을 발표해 조선 내의 기업 설립 및 활동을 견제하기도 했다. 하지만 1920년대에 접어들면서 일본경제의 불황, 조선 내 민족 독립운동의 확산 등으로 인해 일제는 조선 통치정책을 초기의 무단정치에서 문화정치로 점차 전환하게 됐다. 그 결과 구 관세제도 및 회사령은 폐지되고 중소규모의 일본 민간회사 자본이 조선에 진출하기 시작했으며, 아울러 민족자본에 의한 기업설립도 증가하기 시작했다. 이러한 변화로 인해 경성부 내에는 기업의 본사와 지사가, 경성부 외곽으로는 공장의 설립이 급격히 늘어났다(양옥희, 1991). 이와 더불어 경성부에 인구집중 현상이 일어나 경성부의 인구는 1925년 30만 명, 1930년에는 35만여 명으로 증가했다.

경성부의 성세가 성상하고 인구가 늘어남에 따라 일제는 무속한 용지와 주택을 확보하고 또 무분별하게 확대돼 가는 도시를 정비하기 시작했다. 1926년 제1차 '경성 도시계획안'을 효시로 1928년에 제2차, 1930년에 제3차 도시계획안을 수립했다. 하지만 이러한 계획안은 근거법령 미비로 시행되지 못했다(손정목, 2001). 이어 1934년에 '조선 시가지계획령'을 제정해 2개년 동안 계속사업으로 행정구역 확장 및 '시가지계획령' 적용구역에 관한 조사를 진행했다. 이를 바탕으로 1936년 4월 행정구역의 확장 및 '시가지계획령' 적용과 함께 시가지 계획을 결정·발표했다.

총독부고시 제180호인 이 시가지 계획은 1930년도 계획안보다 26.6㎢가 넓은 135.4㎢를 계획대상 구역으로 하고 서울의 인구가 110만 명에 이르는 1969년을 목표연도로 삼았다. 이 법령에 따라 과거 고양군에 편입됐던 8면 대부분이 다시 경성부 관할하에 두어졌으며, 덧붙여 시흥군의 영등포면과 상도면, 김포군의 일부까지 경성부에 포함됐다. 이로서 경성부는 처음으로 한강을 건너 현재의 영등포구, 관악구까지 그 영역이 확대됐다. 아울러 영등포 일대가 공장지대로 조성되고, 1936년 전차노선이 노량진까지 연장됨에 따라 한강 이남지역에도 시가지가 급격히 형성되기 시작했다.

한편 일제는 이때부터 도시 외곽 개발을 위한 구획정리 사업을 시작해 토지구획 정리지구로 52.3㎢나 배정했다. 토지구획 정리지구로는 주로 시 영역 확장지역으로 편입된 영등포 등 10개 지구가 설정됐으며 이에 대한 개발은 광복 때까지 계속됐다(<표 5-1> 참조).

〈표 5-1〉 일제하 토지구획정리사업지구

지구명	인가면적 (만㎡)	사업기간	해당 동명
돈암	232.7	1937~1940	돈암, 안암, 신설정 일부
영등포	525.7	1937~1940	영등포, 양화, 양평, 당산, 도림정 일부
대현	162.7	1938~1941	아현, 북아현, 대현, 노고산, 창천, 염리, 신촌, 동교, 서교, 대흥, 신수정 일부
한남	41.2	1939~1941	한남, 이태원정 일부
용두	196.1	1940~1943	전농, 용두, 하왕십리, 행당, 마장, 신설정 일부
사근	173.3	1940~1942	사근, 답십리, 전농, 마장정 일부
번대(대방)	123.0	1940~1942	번대, 신길정 일부
청량리	110.0	1940~1944	청량, 전농, 제기정 일부
신당	43.0	1940~1944	신당, 상홍십리, 하왕십리정 일부
공덕	71.1	1940~1944	공덕, 신공덕, 대흥, 용강정 일부

자료: 서울특별시. 서울도시계획연혁. 1977.

일본인의 거주지는 개항 이후부터 주로 청계천 이남인 남산의 북측 산록과 신용산 일대를 중심으로 형성됐다. 이는 개항과 더불어 일본공사관이 남산 밑에 설립된 데서 연유한 것이라 할 수 있다. 합방 이후 한국으로 건너온 일본인의 수가 증가하고 이 중 많은 사람이 기존에 일본인이 많이 살던 지역으로 몰리게 되면서 청계천 이남은 일본인의 집단 거주지로 더욱 발달했다. 이로 인해 서울의 주거지는 청계천을 기준으로 한국인이 주로 거주하는 북촌(서린동, 적선동, 소격동, 재동, 계동, 가회동, 관훈동, 서린동 일대)과 일본인이 주로 거주하는 남촌(남창동, 호현동, 남산동, 필동 일대)으로 분리되는 현상이 나타났다. 하지만 일본인 유입이 계속 늘어나면서 1920년 전후부터 일본인의 거주지는 전통적 한인 거주지였던 북촌 인근까지 확대돼 나갔다.

일본인 거주지 확대의 한 가지 중요한 요인으로 관사 및 사택의 증가를 들 수 있다. 경성부에 새로 설치되는 관공서와 기업의 직원들을 위해 일제는 합방 다음 해부터 주요 공공 및 민간 기관에게 해당기관의 주도하에 관사 및 사택을 세울 수 있도록 허가해 주었다. 그러면서 관사와 사택의 건설이 계속 늘어났는데, 1919년에는 1,290호로 경성부 내 총 주택의 3.3%를 차지했으며, 1921년에는 1,802호, 1923년에는 사택까지 합치면 3,212호로 당시 총 주택의 8.1%를 차지할 정도가 됐다(양옥희, 1991). 관사와 사택의 건설지역도 확대돼 지역별로 도심 곳곳으로 퍼져 나갔는데, 1923년의 경우 필동과 예장동 일대에 총독부 관사, 인의동에 재판소 관사와 동아연초주식회사 사택, 통의동에 동양척식주식회사 사택, 서소문에 재판소 관사, 순화동에 철도국 관사 및 학무국 관사, 서울역 인근에 철도국 관사, 용산과 이태원 일대의 일본군 주둔지에 가까운 한강통에 육군 관사, 후암동에 조선은행 관사 등이 자리잡고 있었다.

이렇게 일본인 거주지가 남촌에서 북촌, 그리고 도심 주변으로 점차 확대되면서 1930년대 중반부터 전통적으로 한국인 상류층이 주로 거주하던 북촌에서도 일본인과 한국인이 혼재하는 현상이 나타났고, 동시에 한국인 중하류층이나 가세가 기운 상류층은 경성부 내의 높은 주거비용 때문에 도시 중심부에서 주변부(동대문 부근의 동소문동, 숭인동, 충신동, 창신동 일대, 서대문 밖의 현저동 일대, 마포 일대)나 외곽(신당동, 아현동, 북아현동, 성북동, 신설동, 용두동, 안암동 일대)으로 밀려나갔다. 이는 결국 식민시대의 지배계급인 일본인과 전통적 한국인 양반층은 주로 도심부에 거주하고, 피지배계급인 일반 중하층은 도심 주변과 외곽에 거주하면서 도심부를 감싸는 형태의 주거분화 양상을 낳았다.

한편 1930년대 초부터 이농민의 경성부 유입이 계속 늘어나면서 주택부족이 심각해지고, 아울러 토막 등 빈곤층의 불량 주택지가 증가하자, 일제는 미개발로 남아 있던 경성부 내 변두리 지역을 중심으로 주택단지 조성에 나서기 시작했다. 동양척식회사의 자회사인 조선도시경영주식회사가 1931년에서 37년까지 신당동에 4만 평, 장충동에 6천 평, 왕십리에 5만 8천 평을 정지한 후 최초로 일반인에게 문화 주택단지로 분양했다. 하지만 준전시경제하에서 건축물자 부족과 자금조달의 어려움으로 인해 주택건설은 별다른 진척을 보지 못했다(양옥희, 1991).

이어 계속해서 주택부족과 주거비 상승이 심각해지자 총독부는 1941년 7월 조선주택영단을 설립해 대방, 신길동에 1만 6천여 평, 문래동에 2만 2천 평, 상도동에 2만 5천 평의 주택단지를 조성, 1942년 9월 대방동에 256호, 도림단지에 719호, 상도단지에 493호 등 1,400여 가옥을 건설해 분양했다. 조선주택영단의 주택건설은 이후에도 계속돼 해방 때까지 4,488호의 주택을 시 주변부(양평동, 사근동, 답십리동 일대) 지역에 지어 분양했다. 결과적으로 주택단지 조성은 1930년대 후반부터 시작된 토지구획정리사업과 함께 서울의 주거지역이 도심부에서 외곽지역으로 확대되는 데 크게 기여했다.

한편 시역이 확장되고 공간구조도 변함에 따라 일제는 1943년 4월에 구제를 실시해 종로, 중, 동대문, 용산, 성동, 영등포, 서대문의 7개 구를 신설하고 다음 해인 1944년 10월에 연희면을 편입시켜 마포구를 신설했다.

2. 1945~1950년대

1945년 해방 후부터 60년대 초까지는 정치적 불안정과 전쟁, 그리고 전쟁 후유증 등으로 서울의 도시계획과 주거정책이 안정적이고 체계적으로 수립되거나 실행되지 못한 시기였다고 할 수 있다. 비록 늘어나는 인구에 따른 주택수요를 충족시키고 전쟁 후 파괴된 주택을 복구하기 위해 산발적으로나마 주택정책이 몇 차례 실시됐지만 이러한 정책은 서울의 주거지분화에 큰 영향을 미치지 못했다. 대신 이 기간의 공간구조 변화는 대체로 인구의 증가와 이주에 의해 자연발생적으로 전개됐다고 할 수 있다.

우선 해방과 함께 경성부는 서울시로 그 이름이 바뀌었고, 이듬해인 1946년에는 경기도 관할에서 분리돼 서울특별시가 됐다. 1949년 8월에는 대통령령에 의해 동대문구 돈암동, 안암동, 종암동, 성북동을 합치고 고양군 숭인면을 편입해 성북구가 신설됐으며, 고양군 은평면이 서대문구에, 고양군 독도면이 성동구에, 시흥군 동면의 구로리, 도림리, 번대방리가 영등포구에 각각 편입됐다. 이로 인해 서울의 넓이는 269㎢로, 종전의 135㎢보다 2배로 확대됐다.

해방은 서울의 개칭과 시역 확장뿐 아니라 인구변화도 가져왔다. 해방 당시 90만이던 인구가 한국전쟁 발발 직전인 1949년 5월에는 142만으로 증가했다. 이러한 증가의 가장 큰 원인은 해방과 더불어 일본, 만주, 간도로부터의 귀환민, 북한으로부터의 월남민이 크게 늘어났기 때문이다. 1949년의 『대한민국 총인구조사보고』에 따르면 광복 후 서울에 전입한 해외동포와 월남민은 총 33만 명에 달하는데, 이 숫자는 4년간 서울시 인구증가의 50%를 점유하는 것이다(손세관, 2001). 또한 나머지 50% 가운데는 자연증가뿐 아니라 지방의 전입자도 포함하고 있어 실제 4년간 서울로 이주한 주민은 당시 서울시 전체 인구의 30%를 넘었을 것으로 추정된다.

이러한 인구의 갑작스런 증가는 도심의 과밀화와 심각한 주택부족 현상을 초래했다. 이에 대처하기 위해 서울시는 사회복지 차원에서 한때 수용소를 건설했으나 이것으로도 충분하지 않자 이주민들을 일본인이 남기고 간 적산가옥에 분산 수용하기 시작했다. 적산가옥은 중구에 1만 3천 호, 종로구에 6천 호 등 서울 전역에 걸쳐 총 5만 호가 있었으며, 특히 도심의 남산 쪽 남부

(해방 이전의 남촌)에 많았다(강홍빈, 1999). 그밖에 일본인이 남기고 간 사찰이나 신사, 여관, 유곽 같은 건물에도 수십 가구가 공동으로 입주해서 생활하기도 했다. 그러나 절대적인 주택수 부족으로 인해 적산가옥을 대상으로 한 주민들간의 분쟁이 점차 심화되자, 정부는 1950년 초 적산가옥에 이미 거주하고 있던 이 주민들에게 연고자로서의 우선권을 부여해 이들로 하여금 적산가옥을 싼값에 불하받도록 허가해 주었다.

그런데 해방 직후 주택사정이 매우 좋지 않았기 때문에 적산가옥은 한 집에 여러 가구가 함께 임시 수용되는 게 보통이었으므로, 나중에 불하할 때 여러 가구가 한 가옥을 공동 소유하게 되거나 한 필지를 분할하게 되는 경우가 많았다. 그 결과 해방 전 일본인 거주지였던 필동, 예장동, 남산동, 회현동 등 남산 일대의 주거지에는 한 필지가 다시 여러 영세 필지로 쪼개지면서 동시에 거주인구가 증가하고 주민의 소득수준이 저하되는 등 주거지의 성격과 형태에 구조적인 변화가 발생했다. 즉 일제 식민기 지배집단인 일본인이 거주하던 도심의 상류층 주거지가 해방 후에는 중하류층 주거지로 탈바꿈하게 된 것이다.

또한 도심 내 주거지의 용도도 순수 주거지 형태에서 주거와 비주거 기능이 혼합된 형태로 바뀌어 갔다. 이런 현상은 해방 이전 일본인이 주로 거주하던 남촌지역을 중심으로 일어났는데, 대표적으로 남산록에 일본인이 남기고 간 넓은 필지에는 퍼시픽호텔, 렉스호텔, 평양면옥 등 유흥시설과 숙박, 요식업소 등이 들어섰다. 아울러 남산 일대가 영세 주거지로 전락하면서 저임금 노동력이 풍부해지자 이들을 활용해 주변 명동, 남대문시장, 중부시장 등의 도소매상에 물건을 제조·공급하는 가내수공업 등의 도시형 제조·서비스업이 충무로, 을지로 남쪽지역에 들어섰다. 이로 인해 을지로 남쪽과 남산 사이의 지역은 도시생태학적으로 명동, 남대문시장, 중부시장이라는 도심부 중심 상업지역을 가운데 두고 도심 주변부적인 모습을 지니게 됐다.

정부가 수립되고 한국전쟁이 발발할 때까지 정부의 주택정책은 최소한의 수준에 머물렀다. 1948년에 조선주택영단이 대한주택영단으로 이름이 바뀌었지만, 정부의 활동은 늘어나는 인구에 대해 복지 차원에서 수용소를 설치하고 일본인이 남기고 간 적산가옥을 불하하는 것이 전부로, 새로운 주택의 보급은 거의 없었다. 나라가 새로 수립되고 또 북한과 대치하는 상황에서 정부는 기본적인 법령체계를 갖추고 치안과 국방에 주력하기에도 바쁜 처지였기 때문이다. 이에 따라 적산가옥에도 들어갈 수 없는 가난한 이주민은 주택이 절대적으로 부족한 상황에서 도심 인근의 하천변이나 산비탈에 판자나 천막을 이용해 직접 거처를 마련할 수밖에 없었다. 이런 방식으로 형성된 대표적인 주거지역으로 남산의 해방촌 일대와 청계천 주변이 있다. 한편 이렇게 형성된 불량 주거지는 후에 판자촌이나 달동네로 불리는 무허가 정착지가 확산되는 계기가 됐다.

1950년 6월 북한의 남침에 의한 한국전쟁 발발은 한반도의 주요도시를 폐허로 만들었는데, 특히 서울은 수도로서 북한인민군과 유엔연합군 양측의 주공격대상이 됨으로써 피해가 더 컸다. 전쟁 전에 서울에는 약 19만 호의 주택이 있었는데 이 중 70% 가량이 폭격과 화재로 파괴됐다(홍인옥, 1997). 전쟁에 의한 이러한 막대한 피해는 수복 후 피난지에서 돌아온 서울시민들을 심각한 주택난에 빠지게 했다. 전쟁 직후 서울의 주택상황이 얼마나 좋지 않았느냐 하는 것은 1953년 9월에 발표된 대통령령을 보면 짐작할 수 있는데, 그 내용은 다음과 같다(손세관, 2001).

① 피난민의 서울 복귀는 가능하면 해동하고(겨울을 지나고) 하라.
② 경찰은 피난민의 도강을 엄격하게 통제해 서울에 집이 없는 사람은 허락하지 말라.
③ 서울 시내에서 길가나 냇가에 판잣집이나 흙집을 짓는 것을 절대 금한다.
④ 정부는 외국에서 차관을 들여와서라도 우선 100만 호의 집을 짓는다.
⑤ 서울에서는 도시계획을 하고 있는 만큼 계획구역을 엄수해서 제도에 맞는 집만 짓도록 소관 경찰은 책임을 져야 한다.

한편 1950년내에 걸쳐 서울의 인구는 빠른 속도로 증가했다. 51년 전쟁 당시 60만 명으로 감소했던 서울의 인구는 52년에 70만, 53년에 100만, 55년에 150만, 59년에는 210만 명에 이르게 됐다. 이는 50년대의 경제침체, 태풍과 홍수 등의 자연재해로 인한 농촌의 피폐가 사람들로 하여금 농사를 포기하고 하찮은 일자리라도 찾기 위해 서울로 떠나도록 만들었기 때문이다. 이러한 인구급증은 가뜩이나 심각한 주택난을 더욱 가중시켰다.

하지만 전쟁중과 끝난 직후 남북이 급박하게 대치해 있는 상황에서 정부는 군사적·정치적 문제로 경황이 없었고 또 경제력도 부족했기 때문에, 주택문제에 대해 제대로 손을 쓸 수 없었다. 이런 상황에서 서울로 귀환하거나 이주한 시민은 서울 곳곳에 판잣집, 천막집, 움막집 등의 무허가 불량주택을 지어 생활했다. 그런데 전쟁 후의 불량 주택지 형성은 전쟁 이전과 상당히 차이가 난다. 전쟁 이전에는 서울 도심주변의 다리 밑이나 하천 변, 산비탈에 한정해 불량주택이 들어섰으나, 전쟁 이후에는 종로구, 중구, 서대문구, 동대문구 등의 도심 내부 주거지역에까지 마구잡이로 들어섰다.

이러한 불량주택의 도심지 확산은 인구증가가 주 요인이긴 하지만 1950년대 선거를 의식한 정치인과 행정공무원이 주민의 표를 의식해 무허가건물을 단속하지 않고 묵인해 주는 선심행정과 행정력 이완도 한몫을 했다고 할 수 있다(손세관, 2001). 아울러 한국전쟁의 후유증으로 공원의 관리가 느슨해진 틈을 타 남산록에 숭의여고, 리라국민학교, 서울예전, 삼풍맨션, 회현시범아파트, 앰버서더 호텔 등이 세워져 공원용지를 잠식하기도 했다.

1950년대 중반에 사회가 어느 정도 안정을 찾아 가자 정부는 국제연합한국재건단(UNKRA: United Nations Korean Reconstruction Agency)을 비롯한 외국의 지원을 받아 본격적으로 주택건설을 추진했다. 우선 전쟁으로 파괴된 기존 중심 시가지를 복구하기 위해 전쟁 이후부터 1956년까지는 종로구, 중구, 용산구 일대 164만여 평을 전재 복구지구로 지정하고, 여기에 토지구획 정리사업을 실시하는 데 주력했다. 이후 4대문 밖의 서대문, 만리, 도화, 청파, 원효로, 아현, 마포, 서빙고 지구가 토지구획 정리사업 지구로 개발되기 시작했는데, 이는 당시 서울의 주거지역 개발이 기존 시가지 내 미개발지의 개발뿐 아니라 시가지 주변지역으로 확대됐음을 보여준다. 한편 새로 조성된 토지구획 지구 안에 부흥주택, 국민주택, 재건주택, 희망주택, 외인주택 같은 다양한 이름의 공영주택이 건축됐다.

이 당시 세워진 공영주택 수는 비록 당시의 주택수요에는 턱 없이 모자랐지만 서울의 주거환경에 다음과 같은 몇 가지 영향을 주었다. 첫째, 일부 공영주택 분양의 성공은 민간에 의한 주택건설을 촉진하는 자극제가 됐고, 이로 인해 이후 서울의 주택공급에서 민간부문이 중요한 역할을 담당하게 됐다. 둘째, 공영주택이 서울의 변두리 야산이나 농촌지역에 주로 건설됨으로 해서 이 지역 개발에 선도적인 역할을 했다. 셋째, 공영주택이 건설된 지역이 발전하자 그 주변에 또다시 무허가 불량주택이 생겨나 주거환경의 악화를 가져왔다.

3. 1960년대

1961년 군사쿠데타로 들어선 새 정부는 주택과 관련된 각종 법률과 조치를 마련하면서 개혁적인 주택정책을 본격적으로 추진해 나갔다. 우선 행정적으로 1961년 국토건설청을 건설부로 개명함과 동시에 지위를 격상시켰으며, 1962년에는 주택공사법을 제정해 대한주택영단을 대한주택공사(주공)로 이름을 바꾸고, 1967년에는 주택은행법에 따라 주택관련 금융업무를 전담하는 한국주택은행을 설립했다.

제도적으로 1962년 '도시계획법'을 제정해 토지구획 정리사업, 불량지구 개량사업, 일단의 주택지 조성사업 등 대단위 택지개발 사업의 법적 근거를 마련했다. 한편 1963년 1월에는 양주군 구리면, 노래면, 광주군 구천면, 언주면, 중대면, 대왕면, 김포군

양동면, 양서면, 부천군 오정면, 소사읍, 시흥군 동면 등의 전부 또는 일부지역이 편입돼 서울의 면적은 기존의 270㎢에서 324㎢가 넓어진 594㎢로 크게 확대돼 서울은 말 그대로 대도시가 됐다. 이때 편입된 지역은 당시 서울 외곽의 주변 농촌지역으로 현재 영등포와 노량진을 제외한 대부분의 강남지역이다. 이러한 행정적·제도적 정비와 장치, 그리고 시역 확장을 통해 서울은 1960년대 초부터 새로운 주택지 조성, 도로의 신설과 확장 등 각종 개발사업을 도시 전역에서 활발하게 전개시켜 대도시로서의 실질적인 기반을 구축해 나갔다.

　1960년대에 개발된 주거지역은 도심을 중심으로 반경 5㎢에서 15㎢ 내에 위치하고 있어, 기존 시가지의 주변지역부터 시 외곽지역에 이르기까지 광범위한 주거지역의 확대가 이루어졌다. 1961년 서울시는 구로동의 군용지 10만여 평을 불하받아 공영주택 600동(1,200가구), 간이주택 275동(1,300가구)을 지어 분양했다. 구로동 주택건설 후 주공은 1963년 수유동에 주택 166가구, 1965년 갈현동에 주택 437가구, 화곡동에 785가구의 주택을 지어 분양했다. 이때 화곡동 주택단지는 어린이놀이터, 공원, 학교, 시장 등 생활 및 공공 복지시설을 갖추었기 때문에 당시로서는 높은 3.7대 1의 경쟁률을 기록했다. 이러한 성공에 힘입어 주공은 현재의 강서구 지역에 1966~67년 10만 평 및 30만 평 규모의 주택단지를 조성함으로써 오늘날 강서구 발전의 기틀을 마련했다.

　주거지역의 확산은 1966년 김현옥씨가 시장으로 부임하면서 더 활발하게 전개됐다. 당시 서울시는 '토지구획 정리사업법'에 의해 곳곳에 대규모 택지조성 사업을 실시했는데, 토지구획 정리사업의 주 대상지역에는 동부의 화양, 망우 2개 지역, 서부의 연희, 역촌, 경인, 김포의 4개 지구, 남부의 시흥, 신림, 영동1, 2지구, 그리고 북부의 도봉, 창동지구 등 광대한 지역이 포함돼 있었다.

  1960년대 초부터 정부는 도시미관 증진과 도시기능 회복이라는 목적하에 도시계획법에 근거해 서울시내 무허가 건물을 시가지 발전을 저해하는 요인으로 규정하고 이들을 철거하기 시작했다. 이는 불량 주거지에 대한 정책이 그 동안의 무허가 정착지에 대한 묵인과 방치에서 직접적인 개입을 통한 강제철거 방식으로 변했음을 의미한다. 불량 주거지 철거정책은 김현옥 시장의 부임과 더불어 더 강화됐는데, 서울시는 1967년 6월 13만 7천 동의 무허가건물을 3년 안에 모두 철거하기로 하고 철거된 무허가건물 거주자들에게 시 외곽의 대규모 국·공유지에 가 8평의 땅을 정착지로 나눠 주고 새로운 무허가건물을 지어 살도록 했다. 이로 인해 사당동, 도봉동, 염창동, 거여동, 하일동, 시흥동, 봉천동, 신림동, 삼양동, 창동, 쌍문동, 상계동, 중계동 등지에 대규모의 하층 정착지가 형성됐다.

  1968년 서울시는 도심의 무허가 불량 주거지 정리사업의 일환으로 경기도 광주군(현 성남시)에 위성도시를 조성하고, 이곳에 수만 명의 철거민을 집단으로 이주시켰다. 하지만 도로, 전기, 상하수도, 학교 등의 도시기반시설을 제대로 갖추지 못한 채 많은 인구를 서둘러 이주시켰고 거기다 나중에 주민들에게 땅값과 각종 세금까지 부과해, 결국 1971년 8월 주민들의 대규모 폭동사태를 유발하기도 했다.

  주택부족의 심각성은 서울시로 하여금 고밀도 토지이용을 위한 아파트 건립에 나서게끔 만들기도 했다 서울시는 1960년대 초에는 주로 중산층을 대상으로 아파트를 지어 분양하는 정책을 폈다. 이에 따라 주공은 마포형무소 농장 자리에 8~18평 규모의 6층짜리 아파트 10개 동 642가구로 이루어진 마포아파트를 지어 분양했다. 이전에도 서울에는 아파트가 있었다. 1956년에 건립된 행촌아파트, 1958년에 건립된 종암아파트, 1959년에 건립된 개명아파트 등이 대표적이다. 하지만 마포아파트는 최초의 단지형 아파트로 고밀도 토지이용 가능성을 제시했다는 점에서 아파트시대의 서막을 열었다고 하겠다.

1960년대 후반에는 공적 자금을 사용해 아파트와 단독주택을 건설해 중산층에 분양하던 기존의 정책에서 탈피해, 대신 빈민가와 불량 주택지구에 자금을 투입해 5~8평 규모의 소형 아파트를 집중 건설해 이곳에 거주하던 서민들을 입주시키는 정책을 새로 펼쳤다. 이러한 주택정책의 변화에 따라 서울시는 1968년부터 불량 주택지구에 있던 판잣집을 강제 철거하고 그 자리에 대규모 시민아파트를 지어 이전의 거주민들을 입주시켰다. 이렇게 해서 1968년 한 해에만 서대문구 영천지구에 19개 동, 창천지구에 3개 동, 성동구 응봉지구에 4개 동 등 총 26개 동이 지어졌으며, 이후 1972년까지 종로구 87개 동, 중구 14개 동, 용산구 26개 동 등 총 426개 동 1만 7천 가구 분의 시민아파트가 건립됐다. 그러나 시민아파트 건립은 1970년 4월의 와우아파트 붕괴사건으로 한때 중단되기도 했다.

한편 격증하는 인구에 대한 주택수의 절대부족으로 무주택가구가 계속 증가해 불법 무허가주택이 도심 주변의 구릉지, 하천 주변지역, 그리고 철로변을 따라 계속해서 형성됐다. 이러한 방식으로 당시 확장된 주거지역으로는 한강변의 옥수동, 금호동, 장충동, 이태원동, 서빙고동과 낙산 주변지역, 왕십리·마장동 저지대, 미아리·이문동 일대 인왕산·안산 일대, 만리·아현·신공덕동 일대의 구릉지, 홍제·홍은동지역, 흑석동, 노량진, 신길동지역 등이었으며 이 지역에는 무허가 불량주택 밀집지역이 형성됐다.

따라서 1960년대 서울의 주거지분화 형태는 도심 4대문 안의 경우, 전통적 상류층 주거지역과 기존 시가지 주변의 공원 또는 풍치지구에 해당되는 구릉지대와 하천변에 형성된 대규모 무허가 불량주택 지역이 혼재해 있었고, 도시계획에 의해 확장·편입된 도심주변과 외곽에는 중하류층이 주로 거주하는 방식으로 사회경제적 특성에 따라 공간적으로 국지화되는 모습을 보였다.

4. 1970년대

1960년대를 거치면서도 서울의 인구는 계속 급증해서 1970년에는 마침내 500만 명을 돌파하게 됐다. 10년 동안에 인구가 2배 이상이나 증가한 셈이다. 이에 따라 서울의 비대화와 인구집중에 대한 우려가 정부 내에서 심각하게 제기되기 시작했다(최상철, 2001). 정부는 우선 당장에 급해진 주택부족 문제에 대처하기 위해 와우아파트 사고 이후 중단됐던 아파트 건설을 재개했다. 이는 주택정책 측면에서 아파트건설로 인한 고밀도 토지이용이 택지부족을 해결할 수 있는 유일한 대안이면서 동시에 경제성장과 서구화를 나타내는 지표로도 인식됐기 때문이다.

하지만 1960년대 저소득층을 대상으로 아파트를 건설했던 것과 달리 1970년대에는 주로 중산층 이상을 대상으로 시행됐다. 이는 와우아파트의 붕괴에 따른 시민아파트 건설의 실패, 임대주택 건설에 따른 경제적 부담과 관리상의 문제가 있었기 때문이다(손세관, 2001). 당시 서울시와 주공이 건설한 대표적 아파트로 1970년 이촌동 한강맨션아파트(660가구), 1971년 여의도시범아파트(1,596가구), 1974년 반포1단지 아파트(3,786가구), 1970년대 후반의 잠실1~5단지 아파트(1만 4천 가구) 등이 있다. 이때 건립된 아파트단지의 특징은 한강변과 강남지역을 중심으로 한 대규모 아파트단지의 조성이었다.

민간부문의 아파트 건설도 줄을 이어 1971년 2,300가구, 75년 1만 가구, 79년 5만 가구가 건설돼 70년대 후반에는 민간부문이 아파트 건설을 주도해 나갔다. 이러한 현상은 주택정책이 민간부문에 호의적인 방향으로 제정 또는 개정된 것에 크게 기초한다. 정부는 1972년 '주택건설촉진법', '특정지구 개발촉진에 관한 임시조치법'을 제정해 민간업자가 대단위 아파트단지를 개발할 수 있는 법적 근거를 마련해 주었다. 특히 '주택건설촉진법'은 정부의 직·간접적 재정 및 세제지원을 포함한 공공주택 자금 지원대상을 민간 개발업자에게까지 확대시켜 공공주택의 개념이 공공부문을 공급주체로 하는 공영주택에서 민간까지를 포함하는 국민주택으로 바뀌었다는 점에서 중요한 의미가 있다.

이후 1975년 '주택건설촉진법'이 개정돼 공공주택 건설의 행정절차가 간소화됐고, 1978년 민간주택 사업자의 주택분양 시기를 건축공정의 20% 이상이 진행된 시점에서도 가능하도록 했다. 이러한 정부의 지원정책이 강화되면서 1970년대 후반에는 현대건설, 한양건설, 롯데건설, 삼익주택 등 재벌기업이 경쟁적으로 아파트 건설에 뛰어들었다. 한편 이들 민간기업은 임대보다는 분양을 통해 아파트를 공급했다. 이는 시공 초기부터 분양을 통해 아파트 수요자로부터 투자재원을 미리 마련하고, 아울러 주택은행에서 저리로 장기융자를 받아 자기 돈을 별로 들이지 않고 아파트를 건설해 막대한 이익을 얻을 수 있었기 때문이다. 당시 아파트 장사는 그야말로 "땅 짚고 헤엄치기"인 셈이었다.

1970년대 서울의 주거정책에서 빼놓을 수 없는 항목은 강남(영동지구) 개발이다. 강남 개발은 1966년의 '도시기본계획'에서 서울의 확장과 인구분산을 위해 이 지역을 부도심으로 개발하기로 계획했던 데서 비롯됐다고 할 수 있다. 당시 이 계획에서는 도심과 용산을 정치행정의 중심으로 삼으며, 창동, 천호, 강남, 영등포, 은평은 부도심으로 하되 행정부는 광화문에, 입법부는 영등포에, 사법부는 영동에 둔다는 내용을 포함했다. 여기에다 1960년대 말과 70년대 초 발생한 남북한간의 긴장악화는 당시 인구의 25%와 국가경제의 40% 이상이 집중된 반면 휴전선에서 불과 40km밖에 떨어져 있지 않은 서울을 안보차원에서 접근하게 만들었으며, 결국 이는 서울 이남인 이 지역의 개발로 이어졌다(손정목, 1989). 하지만 강남지역 개발의 실질적 계기는 1969년 이 지역과 강북을 연결하는 제3한강교(현 한남대교) 건설과 70년 이 지역을 지나는 경부고속도로의 개통이었다.

이러한 일련의 정책목표와 사업에 의해 1968년 2월 경부고속도로를 관통하는 잠원동, 서초동, 양재동 일원과 반포동 일원을 중심으로 510만 평 규모의 영동 1지구 토지구획 정리사업이 실시됐고, 1970년 6월 '한수이남 계획'에 의해 압구정동, 청담동, 학동, 삼성동, 도곡동, 대치동, 역삼동, 논현동으로 이루어진 365만 평 규모의 영동 2지구와 잠실지구 176만 평의 토지구획 정리사업이 추진됐다. 1972년 12월 경기부양 및 영동지구 개발을 촉진하기 위해 정부는 '특정지구 개발촉진에 관한 임시조치법'을 제정해 강남지역을 특정지구로 고시하고, 이 지역의 사업체와 거주가구에 대해 1975년까지 한시적(이후 1978년 12월까지 연장)으로 영업세, 등록세, 취득세, 재산세, 면허세 등의 각종 세금감면 혜택과 금융지원을 해 주었다. 동시에 정부는 1978년 '수도권인구 재배치계획'에 따라 강북지역에 각종 시설의 신증축을 억제하고 백화점, 도매시장, 대입학원, 공장과 카바레, 다방, 호텔 같은 유흥업소에 대한 신규 허가를 제한했다.

　강남 개발을 촉진하기 위한 이러한 여러 정책의 시행에도 불구하고 1970년대 초에는 강북민의 강남 이전은 수월하게 진행되지 않았다. 1975년 9월 현재 강남구(지금의 서초구 포함)의 인구는 6만 5천 명으로 당초 개발계획상 유치목표인 70만 명의 10%에도 이르지 않았다. 이는 당시 세계적으로 불어닥친 석유위기로 인해 국내경제가 상당히 위축됐기 때문이라고 할 수 있다. 이에 따라 정부는 또 다른 이주 촉진조치로서 강북의 '명문' 고등학교를 강남으로 이전하도록 유도했다.

　한국에서 대학의 학력과 학벌은 개인의 사회적 지위를 결정짓는 데 대단히 중요한 요소가 된다. 그러므로 '명문'대학을 진학하기 위해서는 명문대학을 많이 보내는 '명문' 고등학교를 다니는 것이 중요한 관건이 된다. 그런데 1974년 '고교 평준화정책'

으로 원하는 고교 진학이 자유 지원제에서 학군 내 배정제로 바뀌면서, 거주지가 고교 진학에서 결정적 요인으로 작용하게 됐다. 좋은 학군이 지닌 양질의 교육 서비스는 오직 특정 학군에서만 제공되기 때문에 그 혜택을 얻고자 한다면 그 학군에 있는 주택으로 이주해야 한다. 이런 측면에서 고등학교는 인구유발시설이 되고, 따라서 학교부터 이전하면 주민이 거기에 따라 자연스레 이전하게 된다. 이런 계산에 의해 정부는 1970년대 중반부터 강북 고교의 강남 이전을 적극 시행했다. 결과적으로 1977년부터 경기고를 위시해 휘문고, 숙명여고, 중동고, 서울고, 경기여고 등이 강남으로 이주해 8학군을 형성하게 됐다. '학군' 요인에 의한 강남 이주효과는 매우 커, 1988년 고등학교 자녀를 둔 가구의 주거이동에 관한 한 연구(김광일, 1988)에 따르면 강남으로 전입한 가구 중 76.2%가 학군이 주 이주요인이었다. 이후 8학군이라는 명성은 강남지역의 중상층 거주지화와 부동산값 상승의 견인차 역할을 하게 된다.[1]

　강북 인구의 강남 이전을 도모하기 위해 정부는 고교 이전 외에 1972년 '영동지구 주택건립 계획'을 통해 강남을 고급 주택지화해 강북의 중상층을 강남으로 유도하는 정책을 펴기 시작했다. 먼저 서울시가 1972년 청담동, 논현동을 중심으로 60~70평 대지에 건평 18~20평 규모의 시영주택 753동을, 그리고 73년에 대지 70~100평에 건평 20~30평 규모의 단독주택 181동을 건립

---

1) 1986년 서울 시내 고등학교별 서울대학교 합격자 분포를 살펴보면 상위 10개교 가운데 9개교가 강남구(현 강남구와 서초구)에, 상위 40개교 가운데 9개교가 강남구에 위치해 있었다(이주희·김재섭, 1987).

해 분양했다. 이를 필두로 서울시는 논현동, 청담동, 학동, 압구정동 등지에 10개의 단독주택 단지를 조성해 민간에게 분양했다. 장기 저리융자 금융제공까지 동반한 이 분양정책은 당시 공기가 오염되고 교통이 복잡한 강북에서 보다 쾌적한 주거환경을 바라던 중상층의 욕구와 맞아떨어져 상당한 인기를 얻었다. 이로 인해 강북에 거주하던 중상층의 강남 이전은 더욱 촉진됐고 이후 강남은 신흥 부자촌이라는 명성을 얻게 됐다.

강남의 중상층 거주지 형성은 서울시의 주택정책으로 충분히 예견될 수 있는 현상이라고 할 수 있다. 개발 당시 서울시는 필지 규모의 반영과 함께 건축허가 과정에서 최소 대지면적을 70평으로, 건평을 25평으로 제한했다. 지금도 마찬가지겠지만 당시로서도 이 정도 규모의 주거지를 장만할 수 있는 가구는 중상층밖에 없었다. 따라서 강남은 태생적으로 중상층이 사는 지역으로 결정돼 있었다.

한편 단독주택지의 성공적 분양에 힘입어 서울시는 강남지역의 토지이용도를 높이기 위해 아파트 건설정책을 전개했다. 당초 영동지구 개발계획에 포함되지 않았던 아파트지구에 대한 지정을 1973년에 영동지구 토지이용 세부계획을 작성할 때 첨가해 반포아파트단지를 조성했다. 1976년 1월에는 아파트지구에 대한 도시계획법상의 시행령이 마련되고 개포, 압구정, 청담, 도곡, 이수지구를 아파트지구로 지정해 민간아파트 건설을 자극했다.

그런데 1970년대 중반 이후 본격적으로 공급되기 시작한 강남지역의 아파트 건설은 민간주도의 대규모 고층아파트 단지형태로 진행됐다. 이러한 형태는 서울시와 건설업체 모두에게 각광을 받았다. 우선 서울시 입장에서 이러한 고밀도 아파트단지 건설은 택지 및 주택부족을 민간재원을 통해 해소한다는 측면에서 상당히 효과적인 정책으로 받아들여졌다. 민간 건설업체 또한 이러한 아파트 건설형태는 주어진 택지를 효율적으로 활용하게 만들어 주고, 더구나 정부의 묵인 아래 진행된 대형 아파트 건설은 고수익을 보장해 주는 사업이었다.

이로부터 강남에는 아파트가 한 해에 1만 7천여 가구가 건설될 정도로 급증해, 이후 강남지역이 부자촌이라는 이름에 덧붙여 아파트촌이라는 또 다른 이름을 얻는 계기가 됐다(<표 5-2> 참조).

한편 단독주택과 아파트를 포함한 강남지역의 주거지는 대규모 단지형태로 개발됐는데, 이는 서울의 계층별 주거지 형성에 새로운 이정표를 제시해 주었다. 대규모 단지형 주택과 아파트 분양은 사회적 배경이나 경제적 능력이 비슷한 동질집단을 한 곳에 유도하는 기능을 갖게 함으로써 지역에 따라 사회계층을 구분할 수 있게 한다. 특히 강남지역은 큰 평수 위주의 단독주택과 고층아파트로 구성된 대규모 단지로 이루어져 예전의 다른 어느 지역보다 특정 계층, 즉 중상층이 집중된 지역으로 발전하게 됐다. 아무튼 강남개발은 이후 서울의 주거는 물론 산업, 경제, 교육, 문화 등을 포함한 도시구조 전체를 획기적으로 변화시

〈표 5-2〉 영동지구 주택건축 현황: 1975-1980

	1975	1976	1977	1978	1979	1980
단독주택	7,037	1,163	2,007	3,007	1,436	5,622
연립주택	-	78	439	289	930	1,505
아파트	5,537	4,904	5,956	14,403	17,534	7,269
계	12,574	6,145	8,402	17,767	19,927	14,396

자료: 홍영림(1993)에서 재인용.

키는 결과를 낳았다.[2]

　강남지역의 개발과 반대로 서울 도심지역에는 상주 거주인구의 공동화 현상이 광범위하게 나타나기 시작했다. 일차적으로 1960년대 중반부터 종로와 중구를 중심으로 시작된 공동화가 70년대에는 용산지역을 포함한 대부분의 강북 구시가지에까지 확대돼 나갔다. 조선조는 물론 일제와 60년대 초까지도 계동, 가회동, 재동, 안국동 등의 지역은 수백년에 걸쳐 안정된 주거지였다. 그러나 50년대 중반부터 이 지역의 고지대에도 서서히 무허가 주택이 들어섰고, 70년대 들어 강남 개발과 함께 이 지역 중산층의 강남 이동이 활발해지면서 이 지역은 전통적인 중산층 거주지로서의 입지를 잃게 됐다. 이들이 떠난 자리에는 농촌에서 서울로 유입된 전입자들이 들어와 살게 됐고, 전통한옥은 셋집으로 개조돼 버렸다. 여기에 다세대 다가구주택이 세워지면서 전통한옥은 하나둘 사라지고 전통 주거지의 형태와 성격은 사라지기 시작했다.

　중구지역, 특히 도심기능이 밀집해 있는 남대문로와 태평로 1-2가 사이, 그리고 세종문화회관 뒤와 새문안길 연변은 1970년대 내내 전 지역이 모두 재개발 대상이었으며, 일부지역은 이 기간 내에 재개발이 부분적으로 완료되기도 했다. 이러한 재개발사업은 서울시가 1973년 도심 내 '부적격시설'이 도심공간을 차지하고 있음으로써 도시공간의 균형발전을 저해하고 도심 토지의 고도이용을 저해하며, 교통을 유발하고 주정차 등으로 교

---

　2) 강남과 강북지역이 사회, 경제, 교육, 문화 등의 측면에서 어떻게 차이가 나는가는 이 장의 끝 부분에 있는 <별첨>을 참조할 것.

통흐름을 막으며, 또한 이들 시설이 도시의 중심적인 위치를 선점해 요긴한 공공시설의 확보를 어렵게 하는 등의 문제를 제기하면서 본격적으로 실시됐다. 재개발사업은 의도했던 대로 도심공간의 토지이용도를 높이고 고급 업무공간을 제공하는 효과를 가져왔다. 이전의 조밀하고 다양한 기능이 혼재돼 있었으며, 영세 소상인들의 주거와 일자리가 섞여 있었던 구도심이 대기업 중심의 정연하고 효율적인 업무공간으로 바뀌게 된 것이다.

이러한 공간적 변화는 불가피하게 기존의 고용구조와 주거공간에 변화를 가져왔다. 그 동안 도심공간에서 활동하던 자영업, 소자본 업소, 중소기업 등은 '부적격시설'로 지정돼 '주변적' 경제활동은 더 이상 설자리가 없어져 버렸다. 자연림 대신에 들어선 경제림처럼 재개발지역의 토지이용은 대기업 소유의 고층빌딩 군으로 바뀌었고, 높아진 임대료는 그러한 공간 이용자의 계층을 바꾸어 놓았다. 아울러 도심 내의 주변적 경제활동이 외곽으로 방출되면서, 또 높아진 부동산값과 임대료 때문에 그 동안 주변적 경제활동에 의존해 도심 인근에 살아왔던 중하층도 자의반 타의반으로 거주지를 외곽으로 옮겨 나갔다.

1970년대에도 서울의 행정구역은 계속 확장돼 73년 7월 고양군 신도면 구파발, 진관내리, 진관외리가 서대문구에 편입되고, 성북구에서 도봉구가, 영등포구에서 관악구가 각각 분리돼 서울은 11개 구를 갖게 됐다. 이어 1975년 10월 성동구에서 강남구가, 76년 10월 영등포구에서 강서구가, 79년 9월 서대문구에서 은평구가, 강남구에서 강동구가, 80년 4월 영등포구와 관악구에서 구로구와 동작구가 각각 분리돼 서울은 모두 17개 구로 늘어났다.

5. 1980년대 이후

1970년대를 거치면서도 서울의 인구는 계속 증가해 75년 690만, 80년 830만, 88년에는 마침내 1,000만 명을 넘어서게 됐다. 비록 1970년대만큼 빠른 속도로 증가하지는 않았지만 이처럼 계속된 인구증가와 핵가족화는 정부의 지속적인 노력에도 불구하고 서울을 여전히 주택난에 봉착하게 만들었다. 특히 1980년대 초의 주택부족 문제는 심각해서 주택보급률은 80년 61.7%에서 85년 58.3%로 떨어지기까지 했다. 이에 따라 정부는 주거지 확산과 주거의 초고층화라는 두 가지 양식으로 대응해 나갔다.

정부는 우선 주택보급률을 높이기 위해 1970년대에 소홀히 했던 중소형 주택의 보급을 늘리고 주거지를 확산하는 정책을 펴기 시작했다. 이에 따라 정부는 1980년 '서민주택 500만호 건설계획(1981~1990)'을 제정해 주택건설 확대와 가격안정, 임대주택 공급비중의 증대, 주거환경 개선을 시도했다. 또한 같은 해에 '택지개발촉진법'을 제정해 주택건설에 필요한 필지를 확보하고 동시에 도심권의 인구를 분산하기 위해 신규 주택지역 개발에 박차를 가했다. 이로 인해 그 동안 미개발상태로 남아 있던 지역, 특히 자연녹지지역이 하나의 도시라고 해도 손색이 없을 정도의 대규모 아파트단지로 변모했다.

1980년대에 개발된 대표적인 아파트지역으로 고덕·명일지역의 2만 4천 세대, 목동지구의 3만 세대, 상계·중계지구의 5만 9천 세대, 도봉구 쌍문동 일대의 1만 5천 세대, 개포지구의 3만 2천 세대, 송파 오륜·가락지역의 3만 5천 세대 등이 있다. 여기서 특기할 사항은 강북지역의 개발인데, 이는 1970년대 편중된 강남지역 개발로 인해 상대적으로 낙후된 강북지역 개발을 도모하고자 하는 의도가 있었으며, 또한 80년대 후반 들어서는 개발에 적합한 부지를 강남지역에서 확보하기가 어려웠기 때문이라고 할 수 있다.

한편 1980년대의 택지조성과 주택건설은 공영개발방식 위주로 진행됐다. 이는 1970년대 민간부문 주도의 주택건설 사업이 결과적으로 중대형 아파트 비중의 증가, 부동산투기 과열, 아파트가격 상승, 주택부족 문제를 유발했다는 인식이 있었기 때문이다(노성선, 1994). 이러한 문제를 극복하기 위해 정부는 토지의 취득에서 분양 및 관리까지 국가가 개발의 전 과정에 개입함으로써 개발이익을 공공이 회수해 이를 저소득층 주택건설에 전용하는 방식을 채택했다. 이로 인해 소형주택과 임대주택 공급이 1980년대에 어느 정도 확대되는 측면이 있었다.

하지만 전반적으로 저소득층을 위한 주택보급 확대정책은 그렇게 성공적이지 못했다. 이는 주택마련 가능성과 수혜대상 차원에서 저소득층이 받는 혜택이 이전과 비교할 때 실질적으로 별반 개선된 게 없었기 때문이다. 시행과정에서 정부는 여전히 임대보다는 분양을 전제로 한 주택배분 정책을 선호했다. 채권입찰제와 원가연동제의 실시, 분양시 저축총액이 많은 자를 우선하는 입주자 선정기준, 그리고 주택구입시 능력이 보다 많은 가구에게 우선적으로 융자를 제공받을 수 있게 해 주는 자격요

건은 사전 저축제도에 가입해 분양대열에 들어온 가구 중 주택 분양가 부담능력이 없는 저소득가구의 최종입주를 제한했다. 이런 정책은 결국 하위계층을 위한 무주택가구의 주거마련보다는 자기 집을 소유하고 있던 상위계층과 중간계층 가구의 도시 내 거주지 이동을 가져왔다. 이로 인해 1980년대에 개발된 노원의 상계와 중계, 송파의 오륜과 가락, 강남의 개포와 일원, 양천의 목동, 강동의 명일과 고덕, 서초의 서초와 신반포지역은 원래 의도와는 달리 중상계층의 거주지를 형성하게 됐다.

주택부족을 해소하기 위한 또 다른 방법으로 정부는 주거의 고밀도화를 1970년대보다 더 적극적으로 추진했다. 1980년대 중반에 20층 이상의 초고층아파트가 목동과 상계지역에 처음으로 세워졌고, 이어 새로 개발되는 대부분의 지역에서도 초고층아파트의 건설이 줄을 이었다. 이처럼 서울에 초고층아파트 건설이 일반화된 데는 아파트 분양가 제도에서 초고층아파트를 건설하는 주택공급 업체에게 사업성 측면에서 유리하도록 법을 개정해 준 정부의 역할이 크게 작용했다. 정부는 1989년 11월 아파트 건축비 원가연동제를 실시하면서 초고층아파트의 경우 15층짜리 이하의 아파트에 비해 약 12%의 초과 공사비를 인정해 주었다. 분양가 상한선이 통제되는 당시의 상황에서 초고층아파트에 대해 예외적으로 적용된 초과건축비 인정기준은 주택건설 업체로 하여금 초고층아파트를 짓도록 유인하는 강력한 수단이 되었다고 할 수 있다.

주거의 고밀도화는 다세대와 다가구주택의 보급으로도 이루어졌다. 정부는 1984년 '주택건설촉진법'을 개정해 '다세대주택'이라는 새로운 주거유형을 도입했고, 1989년에 건축법을 개정하면서 다가구주택에 관한 법령을 제정했다. 법제화 이후에도 정부는 다가구와 다세대주택 건설을 활성화하기 위해 계속해서 다세대, 다가구주택의 규모, 층수, 세대수에 관한 각종 건축제한을 완화하고 금융지원 등을 했다. 예컨대 다가구주택이 법제화된 초기에는 주택의 층수를 3층 이하로 규제하고 용적률도 330% 이하였는데, 이후 기준이 점차 완화되면서 층수는 4층 이하로, 용적률은 660%로 상향됐다. 이러한 법개정은 기존의 단독주택 또는 나대지 소유자가 다세대, 다가구주택을 개축하거나 새로 지을 경우 상당한 임대수입을 얻을 수 있도록 해 주었다. 결과적으로 서울에는 강남북에 걸쳐 다세대주택과 다가구주택이 본격적으로 건축되기 시작해서, 서울시 전체 주택공급량 중 다세대, 다가구주택이 차지하는 비율이 1980년대 후반에는 50% 이상, 90년대에는 65% 이상이나 차지하게 됐다(손세관, 2001).

    이로 인해 서울에서는 단독주택 비율이 점차 떨어지고 대신 다세대·다가구주택 비율이 점차 증가하고 있다(<표 5-3> 참조). 이런 현상은 원래 평수가 넓은 단독주택이 많았던 강남에서 특히 심해, 강남구의 경우 단독주택 수가 1997년에 14,735호에서 2000년에는 5,015호로 3년 사이에 3분의 2나 감소했다. 결과적으로 고층아파트와 다세대 및 다가구주택의 보급 같은 주거단지의 고밀도화 정책은 주택공급 차원에서 상당히 기여해 서울의 주택보급률은 1990년대 초부터 꾸준히 증가해 왔다(<표 5-3>참조).

    한편 1980년대 후반 들어 서울은 또다시 심각한 주택문제에 시달리게 되는데, 이런 현상은 인구증가보다는 사회경제적 요인에 크게 기인한 것이라고 할 수 있다. 우선 1980년대 중반 이후 계속된 무역흑자와 경기상승, 그리고 핵가족화는 시민들의 주택

〈표 5-3〉 1990년대 서울의 주택보급률과 종류별 주택수

	주택보급률 (%)	종류별 주택수(1,000호)				
		단독주택	아파트	연립주택	다세대주택	다가구주택*
1992	65.9	826	592	147	128	-
1995	68.6	782	738	157	187	-
1997	70.1	759	810	159	204	-
2000	72.0	611	962	154	228	112

* 2000년 이전의 다가구주택 수는 단독주택 수에 포함돼 있음.
자료: 서울특별시(서울통계연보, 1993, 1996, 1998, 2001).

소유욕구를 증가시켰다. 반면 1987년 올림픽선수촌아파트 분양을 끝으로 중대형 아파트 공급이 급격히 감소됐다. 여기에다 8학군을 겨냥한 강남지역으로의 전세입주 수요가 늘면서 아파트 값이 엄청나게 폭등했다. 강남지역 중대형 아파트부터 시작된 부동산투기와 아파트값 폭등은 금방 강북으로, 또 지방으로, 그리고 소형아파트와 일반주택으로 확산됐다. 여기에 나중에 전세, 월세파동까지 겹쳐 무주택자의 집문제는 1987년 당시 대통령선거의 화급한 주제로 떠오르기까지 했다.

이러한 문제에 대응하기 위해 새로 들어선 노태우정부는 주택공급량 확대를 위해 1988년 '200만 호 주택건설계획'을 추진했으며, 동시에 부동산투기를 억제하기 위한 근원적인 방안으로 토지공개념을 도입·시행했다. 그런데 1980년대 말에는 이미 개발제한구역으로 둘러싸인 서울지역 내에는 신규 주택개발을 위한 부지가 거의 없는 상태였다. 이에 따라 정부는 주택 200만 호 건설을 위해 1989년 4월 수도권 내 성남의 분당, 안양의 평촌, 고양의 일산, 군포의 산본, 부천의 중동 등에 신도시를 건설하는 계획을 발표했다. 1992년부터 이들 5개 신도시지역의 주거

〈표 5-4〉 서울 인구의 신도시 이동: 1992-1999   (단위: 천명)

	1992	1993	1994	1995	1996	1997	1998	1999
분당	76	100	87	110	69	55	44	52
중동	-	57	58	52	31	26	28	34
평촌	55	63	41	33	45	36	24	27
일산	32	56	113	132	100	89	69	68
산본	18	26	29	18	15	13	12	12
계	181	302	328	345	260	219	177	193

자료: 이기석(2001)에서 재인용.

단지가 부분적으로 완성돼 주민이 입주하게 되면서 서울 인구는 점차 신도시로 이동해, 1992년 이후 99년까지 모두 200만 명이 이들 5개 신도시로 이주했다. 이는 8년 동안 연평균 25만 명이 서울에서 외곽지역으로 유출된 셈이다(<표 5-4> 참조). 이로 인해 지난 수십 년간 증가해 온 서울 인구가 1993년의 1,097만 명을 정점으로 점차 감소해 2000년에는 1,037만 명이 됐다. 하지만 전체적으로 서울과 이들 5개 신도시를 포함한 수도권의 인구는 계속 증가했다.

앞에서도 언급했듯이 1990년대 접어들어 서울시에는 대규모 택지로 개발할 마땅한 땅이 더 이상 없는 실정이 됐다. 이런 상황에서 주택공급은 기존 시가지의 재정비를 통해서 할 수밖에 없었다. 이에 따라 정부는 1993년에 '주택건설촉진법'을 개정해 노후아파트 재건축에 관한 허용기준을 완화하면서 재건축에 의한 단지개발 사업을 매우 용이하게 만들었다. 이러한 변화는 민간 건설업체와 재개발 및 재건축지역의 주택소유자 모두에게 재개발과 재건축이 상당한 이익을 보장해 주는 사업이 되게 했다. 우선 대도시 내 택지고갈로 신규택지 확보에 어려움을 겪던 민간 건설업체들에게 이러한 사업은 매우 훌륭한 일거리를 제공해 주었을 뿐 아니라 택지구입에 소모되는 비용과 노력을 절감해 주었다. 또한 재개발지구에 거주하는 주민들 역시 기존 주택보다 큰 평수의 새 주택을 웃돈들이지 않고 얻을 수 있는 등 상당한 개발이익을 챙길 수 있었다. 또한 정부 입장에서는 도시기반시설에 대한 신규투자 거의 없이도 주택공급을 증대시킬 수 있는 방법이 됐다.

이렇게 관련주체들의 이해관계가 합치되면서 재개발 및 재건축 사업은 1990년대 초반부터 서울의 전 지역에 걸쳐 적극적으로 추진됐다. 특히 노후아파트와 불량주택이 많은 강북에서 재개발이 활발하게 이루어졌다.[3] 한편 개발주체들의 이해관계와 압력에 의해 용적률이 250%에서 400%까지 상승하는 등 재개발 요건이 계속 완화되면서 재개발 및 재건축아파트의 고밀도화와 중대형화가 이루어졌다. 이로 인해 과거 저소득층이 밀집해 거주하던 지역에 중산층이 서서히 이주해 들어가는 계층간 주거지

---

3) 1990년대에 시행된 또는 시행되고 있는 대표적 재개발지역으로 중구의 신당동, 성동구의 금호동, 옥수동, 마장동, 행당동, 약수동, 동대문구의 답십리, 이문동, 전농동, 중랑구의 면목동, 상봉동, 성북구의 삼선동, 정릉동, 돈암동, 월곡동, 길음동, 강북구의 미아동, 수유동, 도봉구의 쌍문동, 노원구의 상계동, 중계동, 은평구의 응암동, 수색동, 서대문구의 연희동, 남가좌동, 홍제동, 마포구의 공덕동, 염리동, 양천구의 신정동, 강서구의 화곡동, 구로구의 구로동, 오류동, 금천구의 시흥동, 영등포구의 신길동, 동작구의 본동, 사당동, 상도동, 관악구의 봉천동, 신림동, 송파구의 마천동, 거여동, 강동구의 천호동 등이 있다 (장영희, 1998).

혼재현상이 나타나기 시작했다. 이런 양상은 도시생태학적으로 중상층 거주지에 하층민이 이주해 오고, 또 그러면 중상층은 더 외곽으로 빠져나가는 그런 과거의 모습과는 반대되는 현상이라고 하겠다.

행정적으로 서울시는 1988년 1월 강동구에서 송파구, 동대문구에서 중랑구, 도봉구에서 노원구, 강남구에서 서초구, 강서구에서 양천구가 각각 독립하면서 22개 구가 됐으며, 현재의 25개 구체제는 1995년 3월 성동구에서 광진구, 도봉구에서 강북구, 구로구에서 금천구가 독립하면서부터다. 1980년대 후반 이후에 신설된 구는 주로 기존 구의 분할로 이루어졌는데 이는 1980년대 초 이전에 신설된 구가 주로 서울시의 영역확대에 기인한 것과는 차이가 난다. 이러한 현상은 1980년대 중반부터 이미 서울은 시를 둘러싸고 있는 개발제한구역의 경계까지 개발해 들어갔으며, 따라서 이제는 더 이상 신규 주거단지 개발을 통한 공간확대의 여지가 없는 평면적 도시개발이 완료된 상태에 와 있음을 의미한다고 하겠다.

별첨: 서울시 구별 주요 사회, 경제, 문화 지표

〈별표 5-1〉 서울시 백화점 및 쇼핑센터: 1983-2000 (단위: 업체수)

	1983	1985	1990	1997	2000
종로구·중구	8	8	11	7	8
강남구·서초구	2	3	10	8	10
서울시 전체	14	21	40	41	41

자료: 서울특별시. 서울통계연보. 1984, 1986, 1991, 1998, 2001.

〈별표 5-2〉 서울시 식품접객업소 현황: 1983-2000 (단위: 업체수)

	대중음식점[1]				유흥음식점[2]			
	1983	1990	1997	2000	1983	1990	1997	2000
종로구·중구	6,106 (18.3)[3]	8,850 (14.0)	10,923 (9.9)	11,523 (10.3)	404 (44.6)	363 (20.8)	839 (10.1)	939 (12.0)
강남구·서초구	3,177 (9.5)	8,679 (13.7)	15,485 (14.0)	15,751 (14.1)	169 (18.6)	349 (20.0)	1,630 (19.5)	1,463 (18.8)
서울시 전체	33,300	62,977	110,239	111,724	904	1,738	8,346	7,794

주: 1) 일반음식점. 2) 단란주점, 유흥주점. 3) ( )안의 숫자는 %.
자료: 서울특별시. 서울통계연보. 1984, 1991, 1998, 2001.

〈별표 5-3〉 서울시 금융기관 분포 현황: 1983-2000 (단위: 업체수)

	1983	1985	1990	1997	2000
종로구·중구	280(30.1)	303(28.0)	472(27.9)	468(17.1)	420(17.7)
강남구·서초구	112(6.2)	150(6.3)	270(16.0)	554(20.2)	476(20.1)
서울시 전체	928	1,079	1,687	2,742	2,371

주: ( )안의 숫자는 %.
자료: 서울특별시. 서울통계연보. 1984, 1991, 1998, 2001.

〈별표 5-4〉 사설학원수: 1990-2000

	1990	1995	1997	2000
종로구·중구·용산구	400(4.3)	460(3.8)	554(4.4)	590(5.4)
강남구·서초구	1237(13.2)	1721(14.1)	1838(14.7)	1706(15.6)
서울시 전체	9,369	12,239	12,480	10,949

자료: 서울특별시. 서울통계연보. 1991, 1996, 1998, 2001.

〈별표 5-5〉 서울시 구별 영화관 수: 2000년

자료: 서울특별시, 서울통계연보, 2001.

〈별표 5-6〉 한국의 10대 '부자 동네'

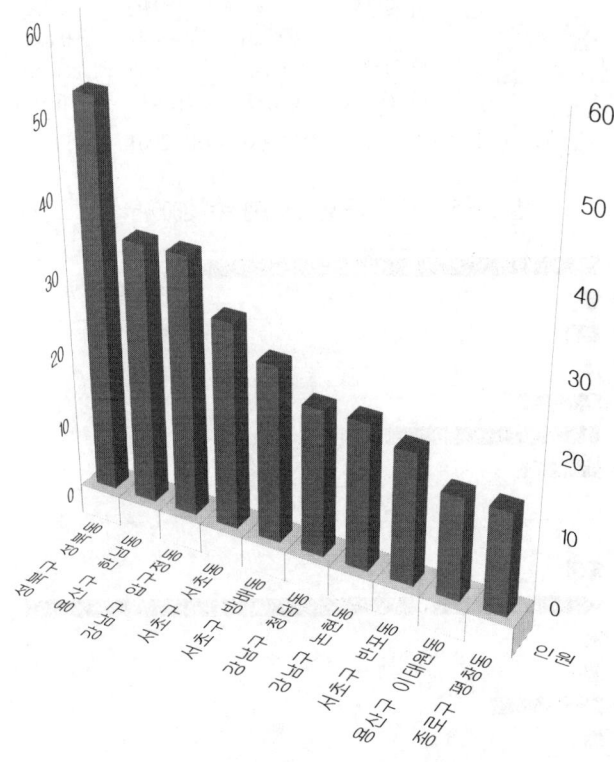

주: 2001년 8월말 현재 상장기업과 코스닥 등록기업의 주식평가액 50억 원 이상을 보유한 사람의 거주지와 인원수.
자료: 미디어에퀴터블(www.equitable.co.kr).

〈별표 5-7〉 2002년 서울시 구별 아파트 가구당 및 평당 평균가격

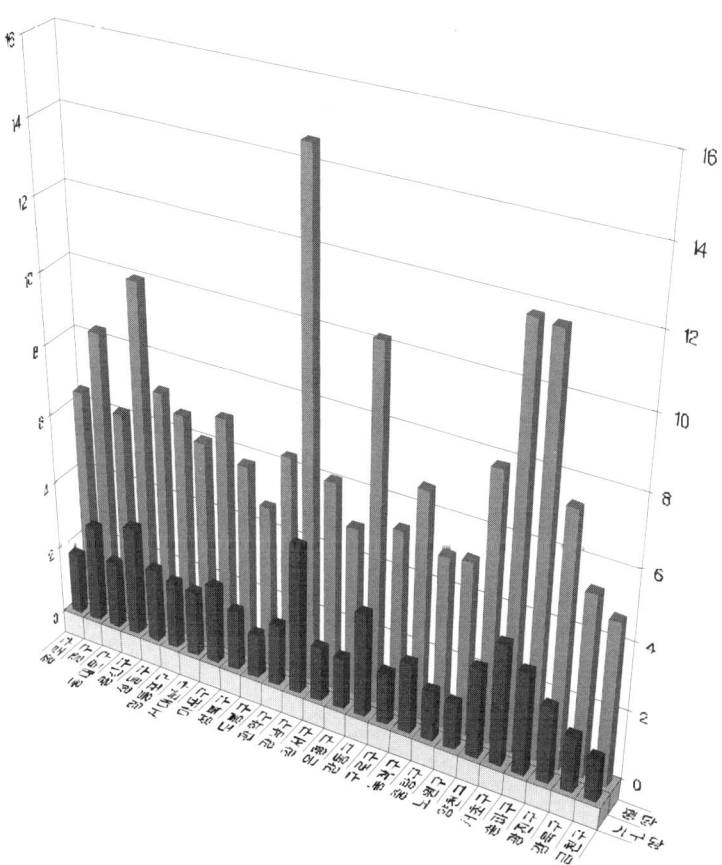

주: 1) 가구당 가격의 단위: 억원. 2) 평당 가격의 단위: 백만원. 3) 2002년 1월 21일의 매매시세를 기준으로 서울에 있는 100가구 이상 아파트 1727개 단지의 85만 7천여 가구를 대상. 4) 동별로 용산구 서빙고동의 아파트 평균가격이 6억 402만으로 가장 높고, 다음으로 강남구 압구정동(5억 8,860만원), 송파구 오륜동(5억 5,128만원), 강남구 대치동(5억 1,797만원), 강남구 청담동(4억 1,783만원) 등이 뒤를 이음. 자료: 유니에셋(www.uniasset.com)

제6장 계층별 주거공간 분포변화에 관한 자료분석

　서울의 계층별 주거공간 분포변화라는 주제는 여러 각도에서 접근될 수 있지만, 뭐니뭐니 해도 실제 자료분석을 통해서 경험적으로 접근하는 것이 가장 요긴하다. 따라서 이 주제를 다루려고 할 때 결정적으로 문제가 되는 것은 동 주제와 관련된 기존 자료의 존재 유무와 활용 가능성이다. 그러나 이 주제를 집중적으로 파고든 조사가 장기간에 걸쳐서 이루어진 바가 없는 이상, 우리의 입지는 극도로 제약돼 있고 취약할 수밖에 없다. 우리가 이런 상황에서 차선책으로 의존하려고 하는 것은 1990년, 1995년, 그리고 2000년 도합 세 차례에 걸쳐 한국사회과학연구협의회의 주관하에 전국표본조사로 실시·수집된 불평등조사 자료의 서울시 관련부분이다. 1, 2, 3차 불평등조사 자료는 특히 그것이 한국사회 계층연구를 위한 대표적 자료라는 점에서, 또한 적어도 10년에 걸쳐 거주지분화의 양상을 다양한 계층관련 변수에 대해 보여줄 수 있다는 점에서 일단 본 연구의 목적을 위해 매우 적합한 요소를 담고 있다고 여겨진다. 그리고 대부분 단순집계표 형태로 돼 있는 공식통계 자료만으로는 주요변수들간의 관계를 충분히 파악할 수 없다는 점에서 이들 자료와 같은 설문조사의 활용은 최소한 기존 정보를 크게 보완해 줄 것으로 기대케 하기도 한다.

이제 본격적인 분석에 들어가기에 앞서 먼저 분석대상을 서울시 경계 내에 위치한 자치구에 국한하기로 했음을 밝히지 않을 수 없다. 그것은 비록 이 책의 주제인 서울시의 계층별 주거지 분화를 잘 다루기 위해서라도 엄밀한 의미에서는 수도권을 비롯한 여타 지역과의 유기적인 연관성을 마땅히 파악해야 하겠지만, 여타 지역에 대한 자료의 대표성이 서울의 그것에 훨씬 못 미친다는 점에서 불가피한 결정이었다.

1차 불평등과 공정성 연구의 서울시 표본은 모두 500사례로 이루어져 있으며, 지역적으로는 강남구 압구정2동, 역삼1동, 일원동, 강동구 고덕2동, 성내2동, 강서구 발산동, 구로구 구로4동, 고척2동, 독산4동, 수궁동, 관악구 남현동, 신림3동, 봉천8동, 노원구 상계7동, 하계동, 도봉구 수유2동, 방학3동, 동대문구 답십리4동, 제기1동, 휘경1동, 동작구 신대방1동, 흑석1동, 마포구 도화1동, 상암동, 서교동, 서초구 반포1동, 서대문구 남가좌2동, 연희3동, 성동구 구의1동, 성수2가4동, 옥수1동, 성북구 동선1동, 석관2동, 월곡4동, 정능4동, 송파구 송파2동, 잠실3동, 양천구 신월5동, 신정6동, 영등포구 양평2동, 대림2동, 용산구 보광동. 이촌2동, 청파2동, 은평구 응암4동, 진관외동, 종로구 교남동, 창신1동, 중구 신당4동, 중랑구 묵1동, 면목5동에서 동별로 각각 10

사례씩 추출한 것이다.

  2차 불평등과 공정성 연구의 서울시 표본은 강남구 대치2동, 삼성2동, 청담1동, 강동구 둔촌1동, 명일1동, 암사1동, 암사2동, 암사3동, 천호2동, 강서구 방화1동, 구로구 가리봉1동, 가리봉2동, 오류2동, 강북구 미아3동, 미아7동, 광진구 자양2동, 금천구 독산2동, 노원구 상계1동, 상계4동, 상계5동, 월계2동, 동대문구 이문2동, 제기2동, 동작구 신대방1동, 흑석2동, 서초구 내곡동, 서초1동, 양재2동, 성동구 마장동, 성수로2가1동, 행당1동, 행당2동, 성북구 돈암2동, 석관1동, 월곡1동, 정릉2동, 정릉4동, 종암1동, 종암2동, 송파구 가락1동, 잠실본동, 양천구 목5동, 용산구 용산2가, 은평구 녹번동, 응암1동, 응암3동, 중랑구 면목1동으로부터 각각 기본적으로——용산2가와 면목1동 두 동을 제외하고는——10사례씩 추출한 총 482사례로 이루어져 있다.

  또한 3차 불평등과 공정성 연구의 서울시 표본은 강남구 역삼2동, 개포2동, 강동구 천호1동, 둔촌2동, 강북구 미아6동, 미아8동, 번1동, 강서구 화곡1동, 화곡4동, 관악구 봉촌6동, 봉천7동, 봉천10동, 봉천11동, 신림1동, 신림10동, 금천구 시흥1동, 가산1동, 가산2동, 노원구 공릉3동, 상계6동, 중계본동, 중계3동, 하계1동, 도봉구 창5동, 동대문구 휘경1동, 이문2동, 동작구 상도2동, 상도5동, 마포구 연남동, 서대문구 북아현2동, 홍은2동, 성북구 종암2동, 송파구 오금동, 문정2동, 잠실3동, 잠실7동, 양천구 목4동, 신정7동, 신길3동, 영등포구 대림2동, 용산구 이태원1동, 은평구 응암1동, 중랑구 면목7동, 면목8동에서 각각 10사례씩 추출한 440사례로 이루어져 있다.

  이제 세 차례 조사의 이와 같은 표본자료를 활용해 우리가 분석하려는 것은 주요 계층관련 변수를 중심으로 해서 구별 분포를 알아보고 그 변화를 감지하려는 것이다. 그러나 이상의 표본들은 어디까지나 전국조사를 수행하면서 2단계 집락표본을 규모비례 확률(probability proportionate to size)방식으로 추출하는 과정에서 얻어진 것이므로 엄밀한 의미에서는 구별 수준의 분포를 조사하도록 허용하지 않는다. 우선 서울시의 모든 구가 다 망라되지 못했으며, 연도별로 추출된 구의 구성에서도 차이가 있다. 실제로 1차 조사의 표본추출에서는 강북, 광진, 금천구가 누락됐으며, 2차 조사에서는 강북, 관악, 도봉, 마포, 서대문, 영등포, 종로, 중구가 누락됐고, 3차 조사에서는 광진, 구로, 서초, 성동, 종로, 중구가 제외된 것으로 나타난다. 그리고 뽑힌 사례가 소속동을 반드시 제대로 대표하지 못한다거나, 또 동이 소속 구를 대표하지 못한다는 점도 분명하다. 예컨대 1차 조사의 강서, 서초, 중구라든지 2차 조사의 강서, 광진, 금천, 양천, 용산, 중랑구, 그리고 3차 조사의 도봉, 마포, 성북, 영등포, 은평구는 모두 1개 동 10사례씩에 의존할 수밖에 없는 처지이다.

그러나 이상과 같이 심각한 여러 가지 제약에도 불구하고 이들 자료는 그 자체의 강점과 매력이 없지 않다. 이미 앞에서 전제한 바와 같이 불평등조사 자료가 본 연구의 목적을 위해 매우 적절하고도 희소가치가 높은 정보를 포함하고 있고, 공식 통계자료의 미비점을 크게 보완해 줄 수 있다는 점 때문에 여기서는——비록 크게 미흡하고, 따라서 대단히 세심한 주의가 필요하지만——주요 계층관련 변수의 구별 평균에 초점을 맞춰 공간적 분포와 시간적 변화를 알아보도록 하겠다. 앞으로 하루빨리 본 연구와 같은 목적에 부응할 수 있는 대표성을 갖춘 자료가 수집

될 수 있기를 기대할 뿐이다.

계층관련 변수로는 특히 학력, 직업, 가구소득, 주관적 계층에 주목하려고 하는데, 학력은 교육년수, 직업은 트라이만(Treiman, 1977)의 표준국제직업 위세점수(SIOPS), 가구소득은 백만 원 단위의 월평균 소득, 그리고 주관적 계층은 최저 1점에서 최고 5점까지의 5점 척도로 각각 측정한 것이다.

<그림 6-1>에서 <그림 6-16>까지는 세 차례 불평등조사에서 얻어진 서울 응답자의 학력, 직업, 가구소득, 주관적 계층의 구별 분포를 채색의 농담을 차등화한 지도(choropleth)의 형식으로 나타낸 것이다.[1] 단 표본추출에서 배제된 구에 대해서는 결측치 대신 평균값을 할당했으므로 지도를 읽거나 해석하는 데 주의를 요한다는 점을 강조해두는 바다. 특히 <그림 6-1>에서 <그림 6-4>까지는 1990년의 1차 조사결과를, <그림 6-5>에서 <그림 6-8>까지는 95년의 2차 조사결과를, 그리고 <그림 6-9>에서 <그림 6-12>까지는 2000년의 3차 조사 결과를 각각 나타내며, <그림 6-13>에서 <그림 6-16>까지는 계층변수별로 세 차례 조사자료의 평균을 구한 것을 표시한 것이다.

그러면 세 차례 조사가 이루어진 각 시점에서의 학력, 직업, 가구소득, 주관적 계층의 구별 분포부터 알아보기로 한다. 우선 1990년의 계층관련 변수의 구별 분포를 알아보기로 하자.

---

[1] 지도 작성은 상명대 지리학과 이은숙 교수의 지도를 받아 지리정보시스템 프로그램인 아크뷰(Arcview)를 활용해 이루어진 것으로, 이 자리를 빌어 이교수께 깊은 감사를 드린다.

〈그림 6-1〉 1차 불평등조사 서울시 응답자들의 학력의 구별 분포: 1990년

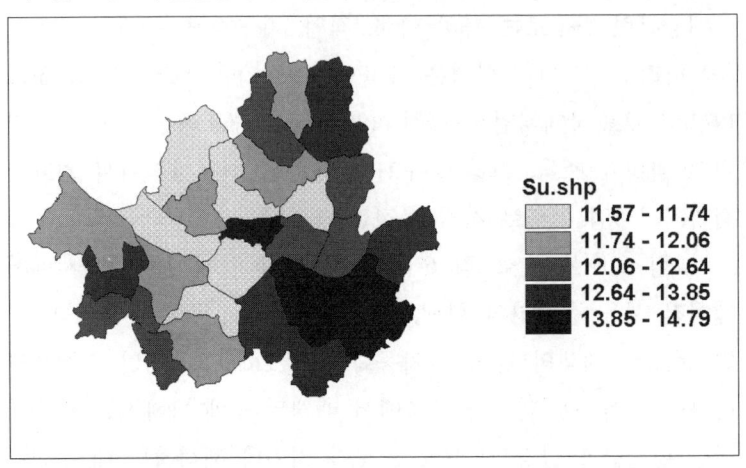

단 표본추출에서 제외된 강북, 광진, 금천구에는 평균값을 할당함.

<그림 6-1>은 1990년 조사응답자들의 학력분포를 표시한 것인데, 상대적으로 강남(14.79), 송파·중구(14.60), 노원(13.85), 서초(13.50), 양천구(13.35) 등이 높고, 동작(11.74), 동대문(11.73), 종로(11.70), 마포·용산구(11.57) 등이 낮은 것으로 드러난다.

<그림 6-2>는 1990년의 직업위세 점수분포를 표시한 것으로, 학력분포와 유사하게, 강남(56.90), 송파(53.25), 노원(52.55), 양천(51.05), 서초·중구(50.60) 등이 높고, 도봉(39.84), 마포(39.57), 강서(38.60), 중랑(37.53), 종로구(34.05) 등이 낮게 나타난다.

<그림 6-3>은 1990년의 가구소득 분포를 나타내며, 강남(156.72), 송파(134.25), 동작(126.39), 양천구(121.50) 등이 높고, 영등포(75.00), 종로(73.42), 중구(72.50), 강서구(64.00) 등이 낮은 것으로 드러난다.

〈그림 6-2〉 1차 불평등조사 서울시 응답자들의 직업위세점수의 구별 분포: 1990년

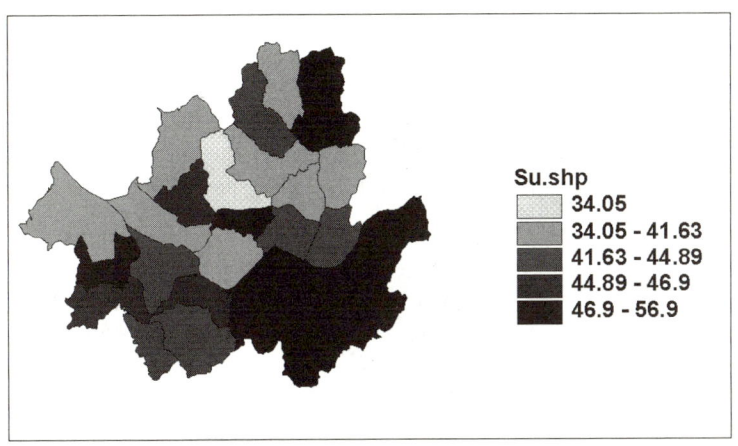

단 표본추출에서 제외된 강북, 광진, 금천구에는 평균값을 할당함.

〈그림 6-3〉 1차 불평등조사 서울시 응답자들의 가구소득의 구별 분포: 1990년

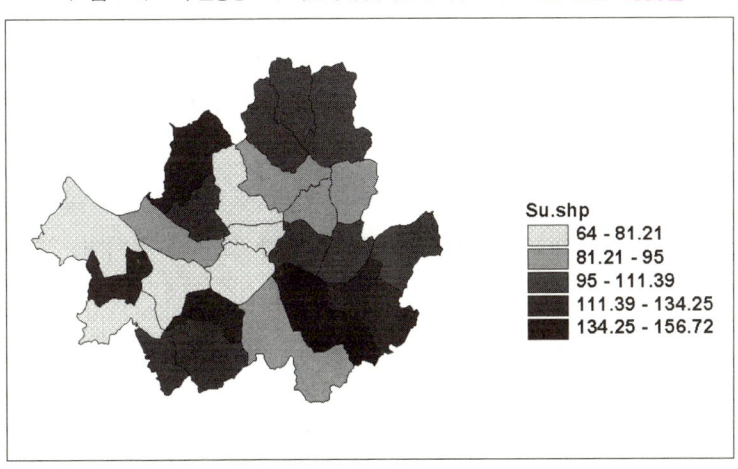

단 표본추출에서 제외된 강북, 광진, 금천구에는 평균값을 할당함.

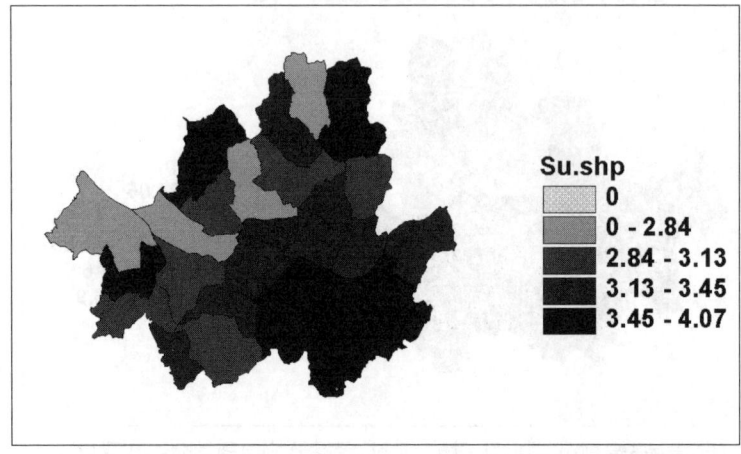

〈그림 6-4〉 1차 불평등조사 서울시 응답자들의 주관적 계층의 구별 분포: 1990년

단 표본추출에서 제외된 강북, 광진, 금천구에는 평균값을 할당함.

그리고 <그림 6-4>는 1990년의 주관적 계층분포를 나타낸 것으로 강남(4.07), 서초(4.00), 노원(3.95), 송파·은평(3.70), 양천(3.60) 등이 높고, 도봉(2.84), 종로(2.80), 마포(2.63), 강서구(2.50) 등이 낮았다.

다음에는 1995년의 계층관련 변수의 구별 분포를 알아보기로 한다. <그림 6-5>는 1995년의 학력 분포를 표시한 것이며, 양천(16.50), 강남(15.93), 서초(14.97), 중랑구(14.09) 등이 높고, 금천(12.30), 구로(12.29), 성북(12.23), 노원(12.15), 강서구(12.13) 등이 낮은 것으로 드러난다.

<그림 6-6>은 1995년의 직업위세 점수분포를 나타내며, 양천(62.13), 강남(59.10), 서초(52.41), 중랑구(14.09) 등이 높고, 강서(43.63), 용산(43.60), 구로(42.83), 강북구(42.35) 등이 낮게 드러난다.

⟨그림 6-5⟩ 2차 불평등조사 서울시 응답자들의 학력의 구별 분포: 1995년

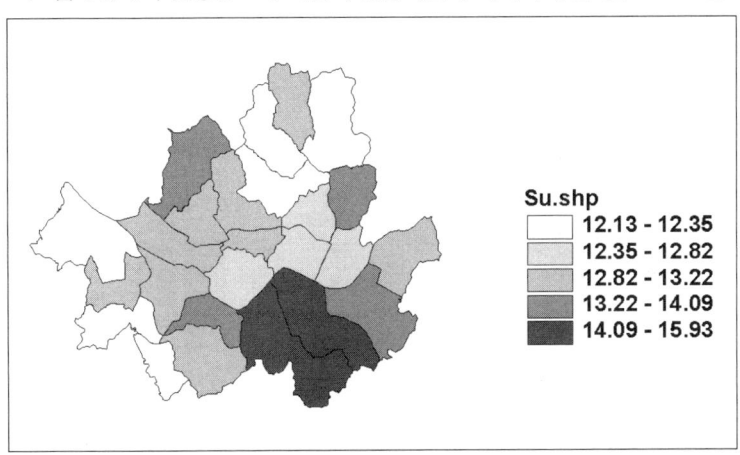

단 표본추출에서 제외된 강북, 관악, 도봉, 마포, 서대문, 영등포, 종로, 중구에는 평균값을 할당함.

⟨그림 6-6⟩ 2차 불평등조사 서울시 응답자들의 직업위세점수의 구별 분포: 1995년

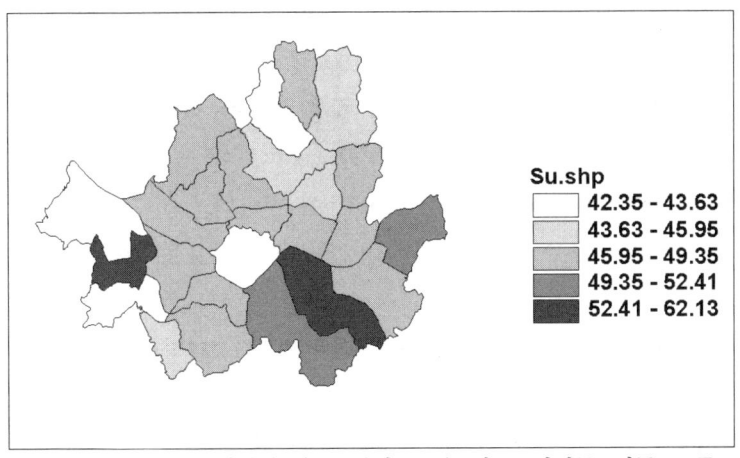

단 표본추출에서 제외된 강북, 관악, 도봉, 마포, 서대문, 영등포, 종로, 중구에는 평균값을 할당함.

〈그림 6-7〉 2차 불평등조사 서울시 응답자들의 가구소득의 구별 분포: 1995년

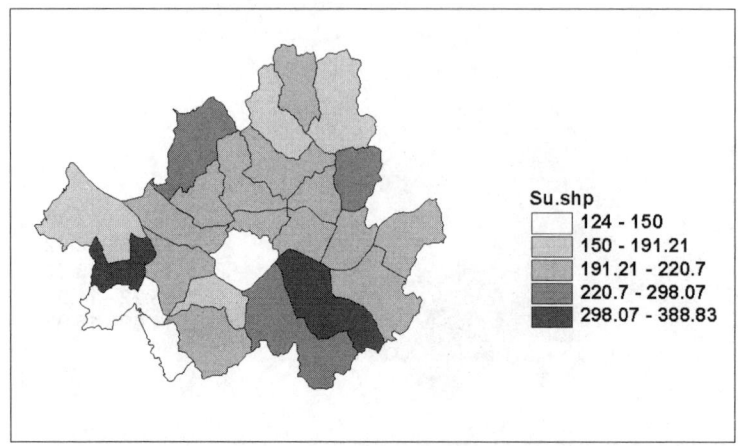

단 표본추출에서 제외된 강북, 관악, 도봉, 마포, 서대문, 영등포, 종로, 중구에는 평균값을 할당함.

<그림 6-7>은 1995년의 가구소득 분포를 나타내는데, 강남(388.83), 양천(358.75), 서초(298.07), 은평구(280.27) 등이 높고, 용산(150.00), 구로(137.59), 금천구(124.00) 등이 낮았다.

<그림 6-8>은 1995년의 주관적 계층 분포를 나타내는데, 양천(4.63), 강남(4.60), 서초(4.29), 송파구(4.00) 등이 높고, 구로(3.28), 강북(3.20), 용산(3.00), 금천구(2.90) 등이 낮았다.

마지막으로 2000년 계층관련 변수의 구별 분포는 다음과 같이 나타난다.

<그림 6-9>는 2000년의 구별 학력분포를 나타내는데, 강남(15.20), 노원(14.46), 마포구(14.40) 등이 높고, 강북·금천(11.65), 서대문구(11.37) 등이 낮은 것으로 드러난다.

〈그림 6-8〉 2차 불평등조사 서울시 응답자들의 주관적 계층의 구별 분포: 1995년

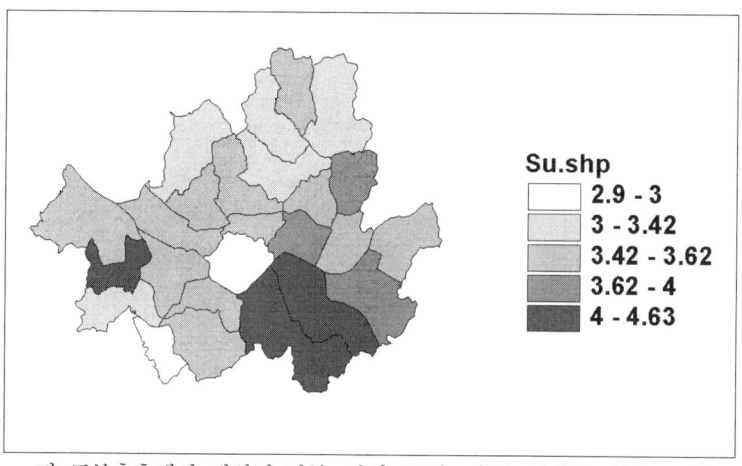

단 표본추출에서 제외된 강북, 관악, 도봉, 마포, 서대문, 영등포, 종로, 중구에는 평균값을 할당함.

〈그림 6-9〉 3차 불평등조사 서울시 응답자들의 학력의 구별 분포: 2000년

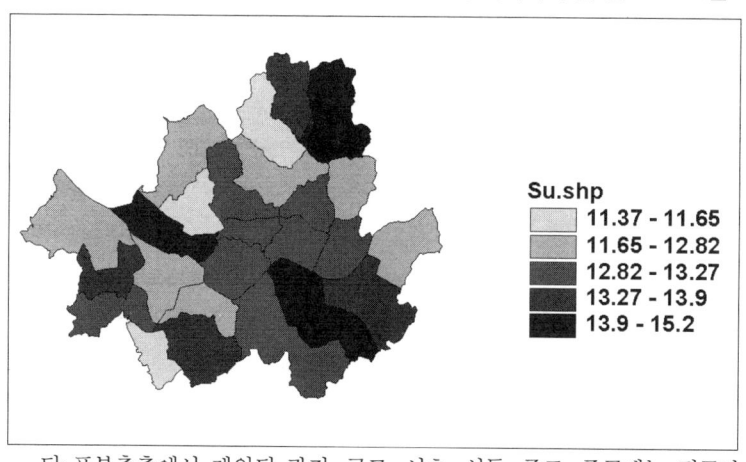

단 표본추출에서 제외된 광진, 구로, 서초, 성동, 종로, 중구에는 평균값을 할당함.

〈그림 6-10〉 3차 불평등조사 서울시 응답자들의 직업위세점수의 구별 분포: 2000년

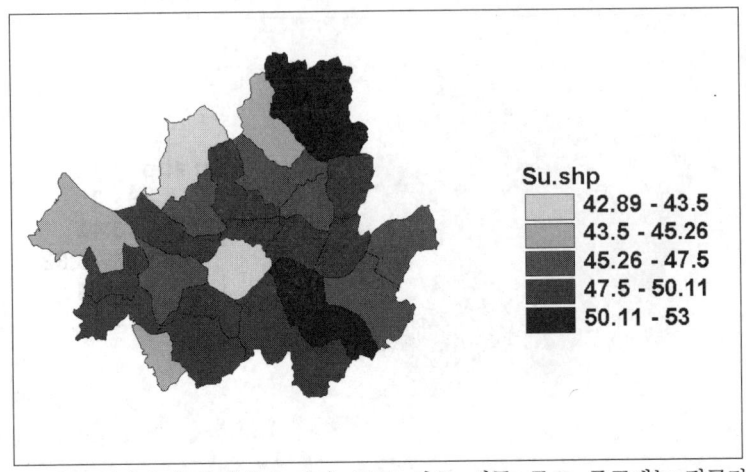

단 표본추출에서 제외된 광진, 구로, 서초, 성동, 종로, 중구에는 평균값을 할당함.

<그림 6-10>은 2000년의 직업위세 점수분포를 나타내며, 노원(53.00), 도봉(52.40), 강남(51.95), 동작구(50.11) 등이 높고, 은평(43.50), 용산(42.89), 금천구(42.20) 등이 낮았다.

<그림 6-11>은 2000년의 가구소득 분포를 나타내는데, 중랑(366.32), 송파(353.39), 동대문구(348.33) 등이 특히 높았고, 도봉(194.00), 영등포구(188.00) 등이 낮았다.

<그림 6-12>는 2000년의 주관적 계층분포를 나타내는데, 중랑(4.35), 송파구(4.00) 등이 높고, 강북(3.13), 용산(2.96), 금천구(2.67) 등이 낮았다.

〈그림 6-11〉 3차 불평등조사 서울시 응답자들의 가구소득의 구별 분포: 2000년

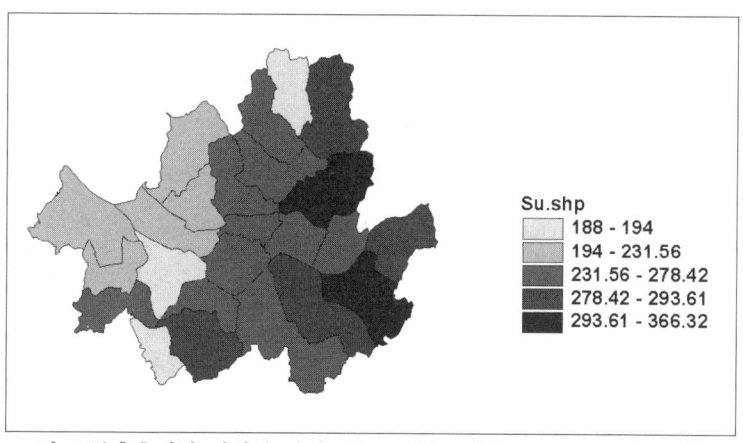

단 표본추출에서 제외된 광진, 구로, 서초, 성동, 종로, 중구에는 평균값을 할당함.

〈그림 6-12〉 3차 불평등조사 서울시 응답자들의 주관적 계층의 구별 분포: 2000년

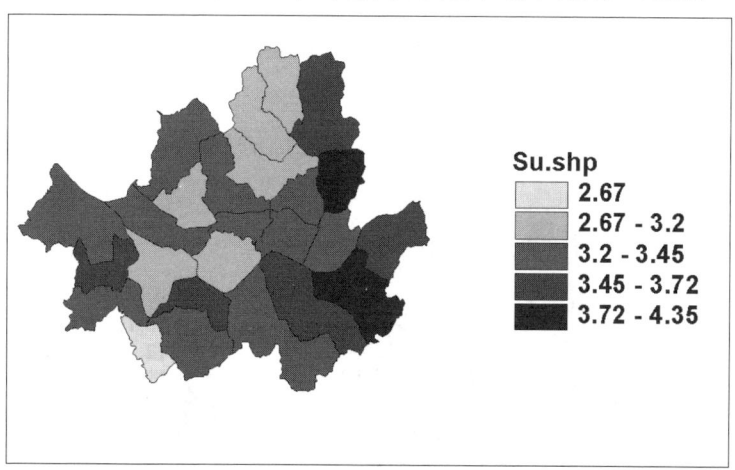

단 표본추출에서 제외된 광진, 구로, 서초, 성동, 종로, 중구에는 평균값을 할당함.

지금까지 각각의 조사시점별로 학력, 직업, 가구소득, 주관적 계층의 구별 분포를 알아보았는데, 이번에는 각각의 계층변수에 대해서 세 차례 조사자료의 평균을 구해 구별 분포를 알아보기로 하겠다. 그 결과는 개별조사의 표본추출상의 편의에 따른 오차를 조금이라도 상쇄시켜 보려는 목적에서 작성된 일종의 합성사진(composite picture)으로 간주될 수 있을 것이다. 이렇게 하면 물론 시간상의 흐름을 무시하고 그와 관련된 정보를 포기하는 것을 의미하지만, 세 차례 조사를 토대로 한 1990년대의 보다 대표적인 구별 분포를 얻을 수 있지 않을까 해서이다.

<그림 6-13>은 1, 2, 3차 조사의 구별 학력 평균점수를 또다시 평균 낸 값——즉 구별 학력의 전체평균——의 분포를 나타내는데, 강남(15.31), 양천(14.55), 송파(13.99), 서초구(13.91) 등이 높고, 강서(12.25), 성북(12.21), 금천구(12.16) 등이 낮은 것으로 드러난다.

〈그림 6-13〉 1, 2, 3차 불평등조사 서울시 응답자들의 학력의 구별 분포: 1990-2000년

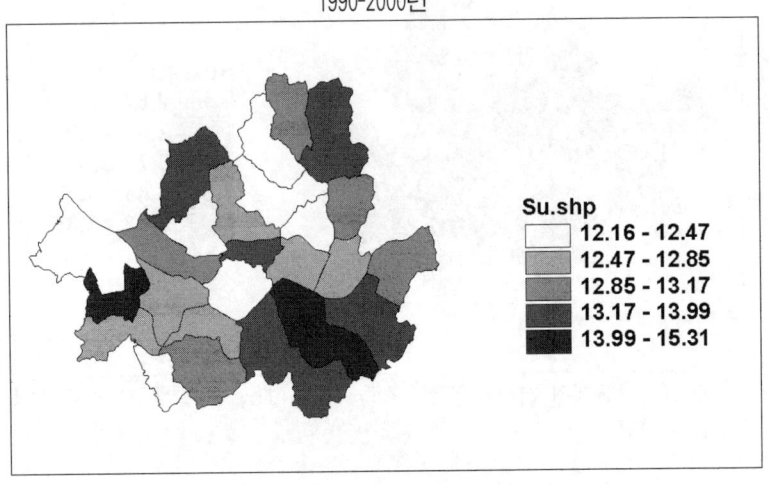

〈그림 6-14〉 1, 2, 3차 불평등조사 서울시 응답자 직업위세점수의 구별 분포: 1990-2000년

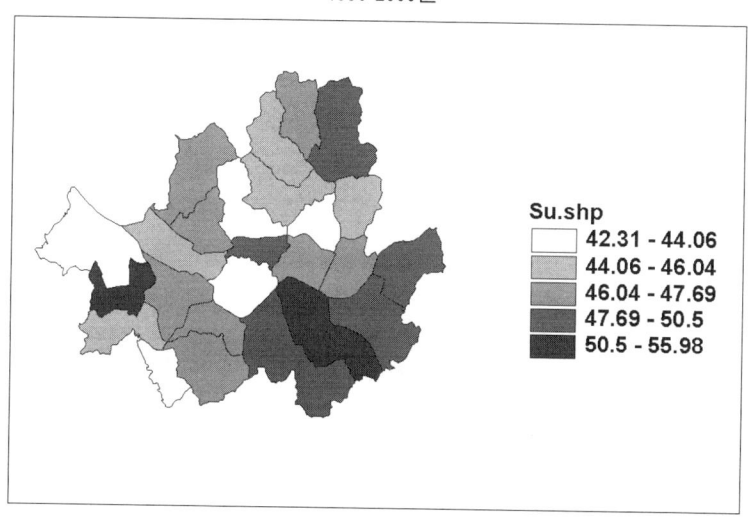

<그림 6-14>는 같은 방식으로 세 차례 조사를 종합한 직업위세 점수분포를 나타내는데, 강남(55.98), 양천(54.00), 노원(50.50), 서초구(50.33) 등이 높고, 종로(43.34), 용산(42.71), 금천구(42.31) 등이 낮았다.

<그림 6-15>는 세 차례 조사를 종합한 가구소득 분포를 나타내는데, 강남(278.60), 중랑(243.05), 송파(236.11), 양천(234.08), 서초구(221.43) 등이 높고, 용산(166.70), 구로(162.84), 영등포(161.11), 강서(154.35), 금천구(139.01) 등이 낮았다.

그리고 <그림 6-16>은 세 차례 조사를 종합한 주관적 계층 분포를 나타내는데, 강남(4.09), 양천(3.94), 서초(3.91), 송파구(3.90) 등이 높고, 성북(3.15), 강서(3.10), 용산(3.06), 금천구(2.94) 등이 낮았다.

〈그림 6-15〉 1, 2, 3차 불평등조사 서울시 응답자 가구소득의 구별 분포: 1990-2000년

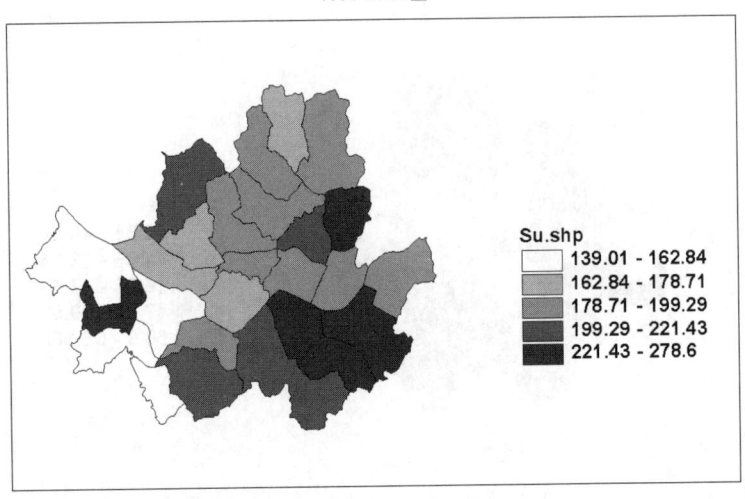

〈그림 6-16〉 1, 2, 3차 불평등조사 서울시 응답자 주관적 계층의 구별 분포: 1990-2000년

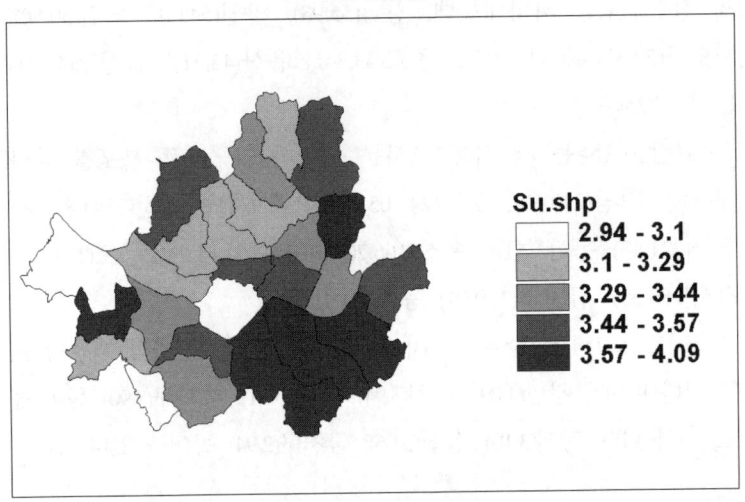

그런데 이와 같은 분포는 자료가 워낙 우리의 분석목적을 위해 수집된 것이 아니라 전국조사의 하위표본(subsample)을 차선책으로 이용한 것에 불과하기 때문인지 몰라도 혼란스럽게 비칠 때가 많아서, 굳이 각각의 세부사항에 대해서 안정적이고 의미 있는 해석을 내린다거나 10년 사이의 확실한 변화를 주장한다는 것이 당초 기대와는 달리 상당한 정도로 무리한 것으로 나타난다. 이런 문제가 발생하는 것을 막으려면, 앞으로 구(區) 수준의 대표성을 충분히 확보할 수 있는 체계적인 자료의 수집이 우선적으로 이루어져야 함은 물론이다.

　다음으로는 세 차례 불평등조사의 학력, 직업, 가구소득, 주관적 계층 정보에 대해 지금까지 살펴본 것보다는 좀더 종합적인 방식으로 다변량분석을 해보려고 한다. 이 목적을 위해 여기서 특별히 시도하고자 하는 분석은 1990, 1995 및 2000년의 서울시 구(區) 수준 사회계층 결정을 알아보기 위한 확인적 요인분석(confirmatory factor analysis)과 서울시의 구 수준 사회계층 분포를 알아보기 위한 집락분석(cluster analysis)이다. 전자의 분석을 통해서는 조사시점에 따라서 구 수준의 사회계층이 관련변수에 의해 반영되는 정도를, 그리고 후자의 분석을 통해서는 세 차례 조사의 계층정보들을 한꺼번에 고려했을 때 구 사이의 거리가 어떤 관계를 이루는지를 각각 알아보려는 것이다.

　그러면 먼저 확인적 요인분석을 통해서 학력, 직업, 가구소득, 주관적 계층이라는 네 종류의 지표(indicators)에 의해 1990, 1995 및 2000년의 서울시 구 수준 사회계층이 어떻게 결정되는지를 알아보기로 하자. 여기서는 이 문제를 <그림 6-17>에 제시된 바와 같은 LISREL 프로그램을 이용한 구조방정식 모형에 의해서

〈그림 6-17〉 학력, 직업, 가구소득, 주관적 계층에 의해 1990, 1995 및 2000년의 서울시 구 수준 사회계층 결정을 분석하기 위한 구조방정식모형

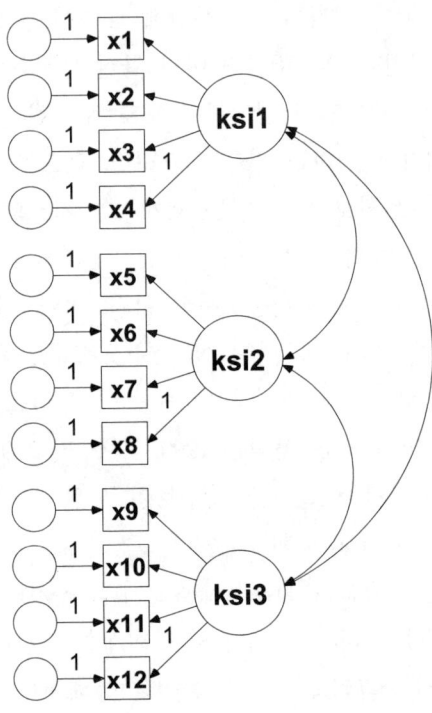

단, x1=학력(1차); x2=직업위세(1차); x3=월평균 가구소득(1차); x4=주관적 계층(1차); x5=학력(2차); x6=직업위세(2차); x7=월평균 가구소득(2차); x8=주관적 계층(2차); x9=학력(3차); x10=직업위세(3차); x11=월평균 가구소득(3차); x12=주관적 계층(3차); ξ1: 1990년의 전반적 사회계층; ξ2: 1995년의 전반적 사회계층; ξ3: 2000년의 전반적 사회계층.

접근하는 것이 효과적이라고 보았다.[2]

자료에 대한 이 모형의 부합도 지수는 $\chi^2 = 73.54$(df=51), GFI=.714로 나타난다. 구체적으로 표준해 모수 추정치를 살펴보면, 지표의 상대적 중요성——다시 말해, λ_x의 크기——이 1990년 조사에서는 교육 .886, 직업 .965, 소득 .662, 주관적 계층 .882로 나타나고, 1995년 조사에서는 교육 .961, 직업 .967, 소득 .948, 주관적 계층 .909로 나타나며, 2000년 조사에서는 교육 .751, 직업 .820, 소득 .372, 주관적 계층 .630으로 나타나는 것을 알 수 있다. 세 차례 조사에서 얻어진 구 수준 사회계층간 상관계수는 1990년 조사와 1995년 조사 사이에는 .557, 1995년 조사와 2000년 조사 사이에는 .513, 그리고 1990년 조사와 2000년 조사 사이에는 .348로 드러난다.

그러면 이번에는 집락분석을 활용해 세 차례 불평등조사의 학력, 직업, 가구소득, 주관적 계층정보를 토대로 한 서울시의 구 수준 사회계층 분포를 알아보기로 하자.

<그림 6-18>은 바로 그와 같은 집락분석의 결과로 얻어진 덴드로그램(dendrogram)을 제시한 것이다. 전체 25개 구를 크게 두 집락으로 나누면, 강남, 서초, 양천, 은평구가 하나의 집락을 형성해 나머지와 대비되는 형세를 나타내고, 집락 하나를 더 추가해 셋으로 나누면, 그 나머지 가운데 동대문, 중랑, 송파구가 또 하나의 집락을 이루는 것으로 드러난다. 첫째 집락에 속하는 것으로 나타난 강남, 서초, 양천, 은평구는 앞에서 살펴본 전반적

---

[2] LISREL의 통계적 원리와 프로그램에 대한 자세한 설명을 위해서는 요레스코그와 소르봄(Jöreskog and Sörbom, 1989)이나 볼렌(Bollen, 1989)을 참조할 것.

〈그림 6-18〉 서울시의 구 수준 사회계층을 세 차례 불평등조사의 학력, 직업, 가구소득, 주관적 계층으로 알아본 집락분석의 덴드로그램: 1990-2000

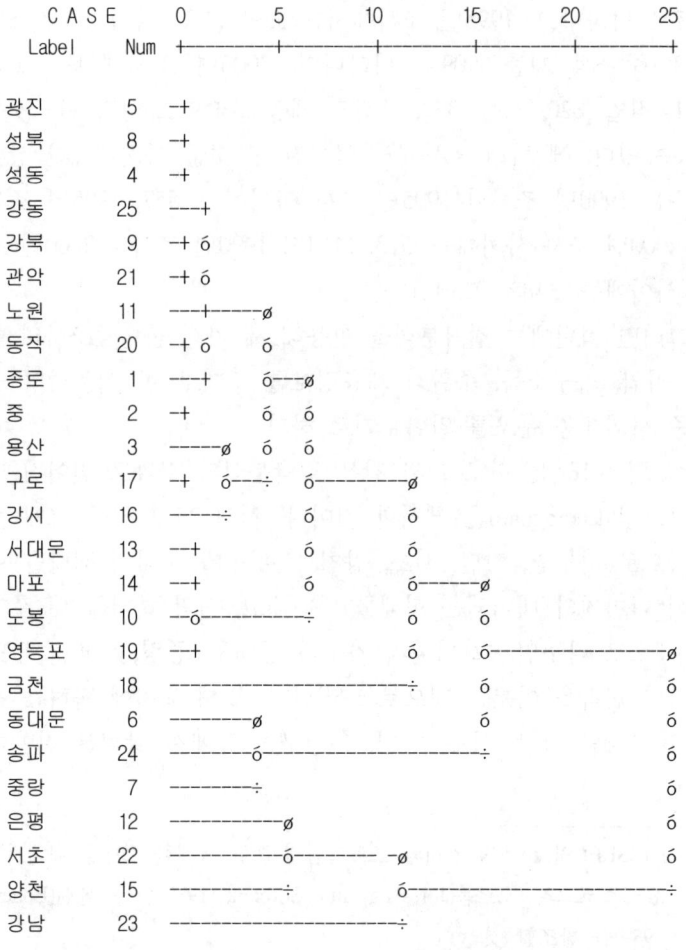

인 구별 사회계층의 순위로 치면, 각각 순서대로, 1, 4, 2, 9위이며, 둘째 집락에 속하는 것으로 나타난 동대문, 중랑, 송파구는 그 순위가 17, 6, 3위인데, 두 분석결과가 상당한 정도까지 상호보완적으로 비치면서도 양자 사이에 불일치가 엿보이는 것은 현재로서는 주로 자료의 한계로 돌릴 수밖에 없을 것 같다.

　서울의 발달과정을 파헤치고 이해하기 위해서는 주민들의 사회적 구성과 공간적 분포에 관한 통시적 접근이 필요하다. 이와 같은 문제의식에서 출발하여 이 연구는 서울시의 계층별 주거지역 분포가 역사적으로 어떻게 변천해왔는가를 규명해보려고 하였다.
　넓은 의미로 주거지 분화는 그 사회의 구조와 전통에 의해 결정된다고 할 수 있다. 그렇기 때문에 주거지 분화는 사회구조와 역사성이 반영된 결과라고 할 수 있다. 이 연구에서는 서울의 주거지역이 사회계층별로 형성되고 분화되어온 역사를 살펴봄으로써, 주거지 분화 현상이 각 주거지의 지리적인 속성 이외에도, 여러 가지 사회적 의미를 지니고 있음을 보여준다. 각 주거집단의 사회적, 경제적, 문화적 속성은 주거지라고 하는 물리적 공간에 투영되어 있으며, 각각의 주거지는 나름대로의 독특한 사회적, 경제적, 문화적 상징과 의미를 지니는 것이다.
　이 연구에서는 주거지 분화와 이에 따른 사회계층 형성과의 상호작용이 이 관계에 영향을 미칠 수 있는 도시의 기능, 규모, 형태 등 구조적이고 제도적인 요소들의 영향을 동시에 받기 때문에, 단시간에 이루어지지는 않는다는 점을 확인할 수 있었다. 따라서 주거지 분화는 사회구조와 역사성이 반영된 결과라고 할 수 있다.

주거지는 개인이 지리적으로 거주하는 장소라는 의미에 국한되지 않으며, 그곳에 모여 사는 사람들에게 직업, 교육 및 기타 편의 서비스시설 같은 사회적 희소자원에의 접근수준을 결정하기도 한다. 주거지 자체가 희소자원으로서의 상징적 의미를 지니거나 이러한 자원에의 접근을 용이하게 할수록 그러한 주거지는 사람들이 선호하고 추구하는 경쟁대상이 될 수밖에 없다. 따라서 주거지는 개인과 집단이 가지고 있는 사회·경제적 지위를 반영하는 동시에 이런 지위획득의 전제조건이 되기도 한다. 특정 거주지가 갖는 상대적으로 우월한 문화자본은 계층별 거주지 분화에 의해서 공간적으로 불평등하게 분포됨으로써 기존의 위계질서를 재생산시키게 된다.

이 연구가 가지는 의의는 크게 세 가지이다. 먼저 학술적으로 이 연구는 사회계층 현상이 물리적인 지역공간에서 어떻게 투영되고 있는가를 보여줌으로써 사회계층연구의 범위를 넓혀주고 있다. 두 번째 의의는, 이 연구가 주거지 변화와 지역적 차별화 그리고 이에 따른 사회계층별 주거지 선호 및 이동유형, 주택시장 등에 관한 지식과 예견을 제공해줌으로써, 현재 진행되고 있거나 또 앞으로 계획될 주거정책 및 행정에 많은 시사점을 제공해 줄 수 있다는 점이다. 세 번째 의의는 한국 도시들의 모델이자 대표도시인 서울을 이해함으로써 한국의 다른 도시들 및 한국사회 전체를 연구하는 데 많은 단서를 제공해 줄 수 있다는 것이다.

참고문헌

강대기, 1987, 『현대도시론』, 민음사.
강홍빈, 1999a, "서울도심공간의 변화와 정책의 역사 I: 관리주의적 접근," 『서울시정연구』 7(1): 3-22.
_____, 1999b, "서울도심공간의 변화와 정책의 역사 II: 계획적 패러다임의 모색," 『서울시정연구』 7(1): 23-33.
고은아, 1993, "주택시장에서 국가개입의 특성과 그 계층적 영향에 관한 연구: 도시관리주의론을 중심으로," 서울대학교 환경대학원 환경계획학과 석사학위논문.
구동회, 1992, "대도시 노동자주택지구의 형성과 특성에 관한 연구," 서울대학교 석사학위논문.
권용우, 2002, 『수도권 공간연구』, 한울.
권용우·유환종·이자원, 1997, 『수도권연구』, 한울.
김문조·윤인진·장호·류승호, 1998, 『대전·충청권의 도시화와 지역발전』, 백산서당.
김은희, 1998, "제주시의 거주지분화의 특수성에 관한 연구," 서울대학교 사회교육과 석사학위논문.
내무부, 1997, 『한국도시연감』, 제26호.
도경선, 1994, "서울시의 사회계층별 거주지분화에 관한 연구," 『지리학논총』 23: 25-48.
문석남·정근식·지병문, 1994, 『지역사회와 사회의식: 광주·전남지역연구』, 문학과지성사.
박성태·연성주·문주용, 1993, 『서울서울서울』, 한국일보사.
서울산업진흥대책위원회, 1999, 『새서울 산업정책의 추진방향』.

서울시정개발연구원, 2001a,『서울 20세기 공간변천사』.
_____, 2001b,『서울 20세기 생활문화사』.
서울특별시, 1977,『서울도시계획연혁』.
_____, 해당연도,『서울통계연보』.
_____, 2000,『시민생활백과』.
_____, 2001a,『도시비교통계 2000』.
_____, 2001b,『서울시 주요 행정통계』.
_____, 2001c,『사업체기초통계조사보고서』.
서울특별시사편찬위원회, 1993,『서울통계자료집: 미군정기편』.
_____, 1993,『서울통계자료집: 일제강점기편』.
석현호 편, 1997,『한국사회의 불평등과 공정성』, 나남.
손세관, 1993,『도시주거 형성의 역사』, 열화당.
_____, 2001, "서울 20세기 주거환경의 변천,"『서울20세기 공간변천사』, 서울시정개발원.
손정목, 1989, "지표로 본 거대도시 서울특별시,"『신동아』, 2월호: 446-67.
_____, 2001, "식민도시계획과 그 유산,"『서울20세기 공간변천사』, 서울시정개발원.
송명규, 1992, "지방공공재가 소득계층별 주거지분화에 미치는 영향: 서울시를 사례로," 서울대학교 환경대학원 박사학위논문.
양옥희, 1991, "서울시 인구 및 거주지변화: 1394-1945," 이화여자대학교 대학원 사회생활학과 박사학위논문.
염춘경, 1996, "가구주의 사회경제계층별 거주지분화: 부산시를 중심으로," 부산대학교 석사학위논문.
원학희, 1978, "구한말 서울의 거주공간형태," 경희대학교 문리과대학 지리학과『지리학논총』6: 25-32.
윤인진, 1996, "서울시 사회계층별 거주지 분화 형태와 사회적 함의,"『서울학연구』10: 229-70.

이건영, 1994, 『서울 이야기』, 나남출판.
이기석, 1975, "서울 중심지역의 1960년 인구 및 주택특색의 분포에 관한 다변수분석," 지리학과 『지리교육』 4.
------, 2001, "20세기 서울의 도시성장," 『서울20세기 공간변천사』, 서울시정개발원.
이만형·홍덕률·윤대식, 1998, 『영남지역 계획도시의 사회구조와 생활문화』, 백산서당.
이숙임, 1987, "서울시 주거지 공간분화에 관한 연구," 『이화지리총서』 2.
이주희·김재섭, 1987, "저명인사의 주거지분포에 관한 실태조사," 『부동산』 5월호: 43-62.
장영희, 1998, 『서울주택기본계획 연구』, 서울시정개발연구원.
정의철, 2002, "주택정책," 바른 사회를 위한 시민회의 편, 『서울시정의 바른길』, 나남출판, 115-133쪽.
최상민, 1977, "서울과 부산의 생태요인분석," 서울대학교 대학원 석사학위논문.
최상철, 2001, "현대 서울도시계획의 변화," 『서울20세기 공간변천사』, 서울시정개발원.
최정석, 1990, "서울시민의 사회경제적 특성에 따른 주거입지행태에 관한 연구," 서울대학교 환경대학원 석사학위논문.
통계청, 1998, 『가구소비실태조사보고서』.
_____, 각 연도, 『경제활동인구연보』.
_____, 1998, 『1997년 하반기 사회통계보고서』.
_____, 1999, 『시·군·구 주요통계지표』.
_____, 각 연도, 『인구주택총조사보고서』.
_____, 각 연도, 『한국의 사회지표』.
한국공간환경연구회 편, 1993, 『서울연구: 유연적 산업화와 새로운 도시사회정치』, 한울.

한국도시연구소 편, 1998, 『한국도시론』, 박영사.
한림대사회조사연구소·춘천문화방송 편, 1991, 『춘천리포트』, 나남.
형기주, 2000, "서울의 경관: 어제와 오늘," 제29차 세계지리학대회 조직위원회 편, 『한국지리』, 교학사, 215-233쪽.
홍두승, 1991, "계층의 공간적 분화 1975-1985: 서울시를 대상으로," 『사회계층: 이론과 실제』, 다산출판사.
홍두승·김미희, 1988, "도시 중산층의 생활양식: 주거생활을 중심으로," 『성곡논총』 19: 485-533.
홍두승·이동원 편, 1993, 『집합주거와 사회환경』, 서울대학교출판부.
홍영림, 1993, "서울시 강남지역의 개발과 주거지분화에 관한 연구," 서울대학교 대학원 사회학과 석사학위논문.
홍인옥, 1997, "서울시 단독주택지역의 변화유형과 특성에 관한 연구," 『지리학논총』 별호 25: 1-57.
황일청 편, 1992, 『한국사회의 불평등과 형평』, 나남.

Abrahamson, Mark, 1980, *Urban Sociology*, Englewood Cliffs, NJ: Prentice-Hall.

Balchin, Paul, 1995, *Housing Policy: An Introduction*, Routledge.

Ball, Michael, Michael Harloe and Maartje Martens (eds.), 1990, *Housing and Social Change in Europe and the USA*, Routledge.

Bassett, K. and J. R. Short, 1980, *Housing and Residential Structure*, London: Routledge and Kegan Paul.

Bollen, Kenneth A., 1989, *Structural Equations with Latent Variables*, New York: Wiley.

Bourdieu, Pierre, 1984, *Distinction: A Social Critique of the Judgement of Taste*, Cambridge, MA: Harvard University Press.

Burnett, J., 1986, *A Social History of Housing 1815-1985*, David &

Charles.

Castells, Manual, 1977, *The Urban Questions: A Marxist Approach*, Cambridge, MA: MIT Press.

Chaney, David, 1996, *Lifestyles*, Routledge.

Dimaggio, Paul, 1994, "Social Stratification, Life-Style, and Social Cognition," in David B. Grusky (ed.), *Social Stratification: Class, Race, & Gender*, Boulder, CO: Westview Press.

Duncan, Otis D. and Beverly Duncan, 1955a, "A Methodological Analysis of Segregation Indices," *American Sociological Review* 20: 210-217.

------, 1955b, "Residential Distribution and Occupational Stratification," *American Journal of Sociology* 60: 493-503.

Foley, Donald L., 1980, "The Sociology of Housing," *Annual Review of Sociology*, 6: 457-78.

Forrest, Ray and Alan Murie, 1987, "The Affluent Home Owner: Labour Market Position and the Shaping of Housing Histories," *The Sociological Review* 35(2): 370-403.

_____ (eds.), 1995, *Housing and Family Wealth: Comparative International Perspectives*, Routledge.

Forrest, Ray, Alan Murie and Peter Williams, 1990, *Homeownership: Differentiation and Fragmentation*, Unwin Hyman.

Giddard, H. A., 1941, "The Status Factor in Residential Succession," *American Journal of Sociology* 46.

Harris, Marvin, 1985, *Culture, People, Nature: An Introduction to General Anthropology*, New York: Harper & Row.

Harvey, David, 1985, "Class Structure and the Theory of Residential Differentiation," in David Harvey (ed.), *The Urbanization of Capital*, Baltimore, MD: The Johns Hopkins University Press.

Herting, Jerale R., David B., Grusky and Stephen E. van Rompaey, 1997, "The Social Geography of Interstate Mobility and Persistence," *American Sociological Review* 62: 267-87.

Jargowsky, Paul A., 1996, "Take the Money and Run: Economic Segregation in U.S. Metropolitan Areas," *American Sociological Review* 61: 984-98.

Jöreskog, Karl G. and Dag Sörbom, 1989, *LISREL 7: A Guide to the Program and Applications*, 2nd ed., Chicago: SPSS.

Lyon, Larry, 1987, *The Community in Urban Society*, Dorsey.

Massey, Douglas and Eric Fong, 1990, "Segregation and Neighborhood Quality: Blacks, Hispanics, and Asians in the San Francisco Metropolitan Area," *Social Forces* 69: 15-32.

Massey, Douglas and Mitchell Eggers, 1990, "The Ecology of Inequality: Minorities and the Concentration of Poverty, 1970-1980," *American Journal of Sociology* 95: 1153-1188.

Massey, Douglas and Brendon Mullan, 1984, "Processes of Hispanic and Black Spatial Assimilation," *American Journal of Sociology* 89: 836-874.

Massey, Douglass, Gretchen A. Condran, and Nancy A. Denton, 1987, "The Effect of Residential Segregation on Black Social and Economic Well-Being," *Social Forces* 67: 281-311.

Massey, Douglas and Nancy Denton, 1988a, "The dimension of Residential Segregation," *Social Forces* 67: 281-315.

------, 1988b, "Suburbanization and Segregation in U.S. Metropolitan Areas," *American Journal of Sociology* 94: 592-626.

------, 1993, *American Apartheid: Segregation and the Making of the Underclass*, Cambridge, MA: Harvard University Press.

Orum, Anthony, 2001, *Introduction to Political Sociology*, Upper Saddle

River, NJ: Prentice Hall.

Pallen, J. John, 1997, *The Urban World*, New York: McGraw-Hill.

Park, Robert, 1952, *Human Communities: The City and Human Ecology*, New York: The Free Press.

Park, Robert, Ernest Burgess and Roderick McKenzie, 1925/1967, *The City: Suggestions for Investigation of Human Behavior in the Urban Environment*, Chicago: University of Chicago Press.

Rothman, Robert A., 1993, *Inequality and Stratification: Class, Color, and Gender*, Englewood Cliffs, NJ: Prentice-Hall, Inc.

Savage, Mike, Alan Warde and Kevin Ward, 2003, *Urban Sociology, Capitalism and Modernity*, 2nd ed., Palgrave.

Sjoberg, Gideon, 1960, *The Preindustrial City*, New York: The Free Press.

South, Scott J. and Kyle D. Crowder, 1998, "Leaving the 'Hood: Residential Mobility between Black, White, and Integrated Neighborhoods," *American Sociological Review* 63: 17-26.

Timms, D., 1991, *The Urban Mosaic*, Cambridge University Press.

Treiman, Donald, 1977, *Occupational Prestige in Comparative Perspective*, New York: Academic Press.

Veblen, Thorstein, 1973, *The Theory of the Leisure Class*, Boston: Houghton Mifflin Company.

White, Michael, 1983, "The Measurement of Spacial Segregation," *American Journal of Sociology* 88: 1008-19.

Williams, P. (eds.), 1988, *Class and Space,* Routledge.

Zhou, Min, 1992, *Chinatown: the Socioeconomic Potential of an Urban Enclave*, Philadelphia: Temple University Press.

찾아보기

(ㄱ)

가구소득 분포　140, 144
갈등이론　39
거주지 분화　14
경제 집중도　77
경제활동인구　72
경제활동참가율　72
계층 분포　144
공간적 분포　15
공간조작　40
공영개발방식　123
공영주택　109
과밀화　104
관리주의적 접근　27, 37
교외화현상　40
기술통계　16

(ㄴ)

노동자 주거지대　29

(ㄷ)

다가구주택　120, 124
다량 주택소유　15
다변량분석　16
다세대주택　124

다핵모델　29, 32
다핵화　61
도시 관리자　38
도시계획　95
도시계획법　109
도시생태학적 접근　26
도시화　34
도심 접근성　37
동심원지대 모델　29

(ㅁ)

맑시스트적 접근　27
매켄지(Roderick McKenzie)　26
무스(R. F. Muth)　35
문화 집중도　78

(ㅂ)

버제스(Ernest Burgess)　26
변천지대　29
불량지구 개량사업　109

(ㅅ)

사업체수　90
사회계층　23

사회계층별 주거분포 15
사회적 구성 15
사회지역 분석 29, 33
산업화 34
상이지수 67
선형이론(sector model) 29
소형주택 123
쉐브키와 벨 33
시가지계획령 99
신고전경제학적 접근 26, 35

(ㅇ)

앨론소(William Alonso) 35
인구집중 99
임대주택 123

(ㅈ)

자연녹지지역 122
자치구별 경제 85
재건축아파트 128
재정자립도 88
정치경제학적 이론 27
정치경제학적 접근 39
종사자수 90
주거공간의 배분 27
주거정책 95
주거지 20
주거지분화 20
주거지역 23
주택건설촉진법 114
주택계급 16
주택공급 66
주택배분 정책 123

주택보급률 122
주택지 조성사업 61, 109
중상류층 주거지대 29
지방공공재 67
지역별 기능 49
직업위세 점수분포 142
집락분석 65, 152

(ㅊ)

초고층화 122

(ㅌ)

택지개발 사업 109
택지개발촉진법 122
토지구획 정리사업 56, 109
토지구획 정리사업법 110
토지이용도 121
통근자지대 29

(ㅍ)

파크(Robert Park) 26
팔(R. E. Pahl) 37
평면적 도시개발 129

(ㅎ)

학력분포 144
해리스와 울먼 32
호이트(Homer Hoyt) 31
확인적 요인분석 152
휘턴(W. Wheaton) 35

한국사회 지방연구 시리즈를 간행하며

우리는 세계화와 지방화라는 국내외적 도전을 맞이하여 나라의 안위를 지키고 겨레의 복지를 증진시켜야 할 중차대한 역사의 전환점에 서 있다. 지구상의 모든 국가들이 생존과 번영을 위해 자기개혁에 온 힘을 기울이고 있는 작금 우리는 그 어느 때보다도 내발적인 발전 능력을 키워야 한다.

해방 이후 한국사회는 역사적으로 미증유의 급속한 사회변동을 겪어오면서 바깥에 대한 관심에 비해 안에 대한 발견에 인색하지 않았는가 자성하고자 한다. 대체로 선진된 나라들은 이미 오래 전부터 지방화를 정착시키면서 자신의 풍토와 역사에 걸맞는 공동체를 이루어 왔다. 우리도 이제는 지방 중심의 정치경제적 구조와 사회문화적 기반을 조성하여 지역사회의 자치적 발전을 이루어야 할 것이다.

이에 본 재단은 지방연구 시리즈라는 새로운 기획을 시작하려 한다. 우리의 생활구조와 문화유산에 관하여 8도 7광역시에 대한 기초연구가 그 출발이다. 그러나 이것으로 자족하지 않고 우리의 역량이 닿는 대로 앞으로 통일시대를 겨냥하여 남북한을 아우르는 한층 더 진전된 지방연구를 계획하고 있다. 건국 50주년을 맞이하여 한국사회 지방연구가 국제통화기금 시대라는 국난을 극복하고 새로운 희망과 약속의 미래를 만드는 지적 토양과 축적의 계기가 되기를 간절히 바라면서 뜻있는 이들의 협조와 동참을 바라는 바이다.

1998년 1월 1일
대상문화재단

서울시 계층별 주거지역 분포의 역사적 변천

초판 제1쇄 찍은날 : 2004. 1. 20
초판 제1쇄 펴낸날 : 2004. 1. 30

지은이 : 차종천·유홍준·이정환
펴낸이 : 김 철 미
펴낸곳 : 백 산 서 당

등록 : 제10-42(1979.12.29)
주소 : 서울 서대문구 홍제동 330-288
전화 : 02)2268-0012(代)
팩스 : 02)2268-0048
이메일 : bshj@chollian.net

※ 저작권자와의 협의 아래 인지는 생략합니다.

값 10,000원

ISBN 89-7327-333-7 03300